中华人民共和国行业推荐性标准

公路桥梁抗风设计规范

Wind-resistent Design Specifications for Highway Bridge

JTG/T D60-01—2004

主编单位：中交公路规划设计院
批准部门：中华人民共和国交通部
实施日期：2004 年 12 月 31 日

人民交通出版社股份有限公司

图书在版编目（CIP）数据

公路桥梁抗风设计规范：JTG/T D60-01—2004 / 中交公路规划设计院主编. —北京：人民交通出版社股份有限公司, 2017.5

ISBN 978-7-114-13804-1

Ⅰ.①公… Ⅱ.①中… Ⅲ.①公路桥—桥梁工程—抗风结构—结构设计—设计规范 Ⅳ.①U448.142.5-65

中国版本图书馆 CIP 数据核字（2017）第 094691 号

标准类型： 中华人民共和国行业推荐性标准
标准名称： 公路桥梁抗风设计规范
标准编号： JTG/T D60-01—2004
主编单位： 中交公路规划设计院
出版发行： 人民交通出版社股份有限公司
地　　址：（100011）北京市朝阳区安定门外外馆斜街 3 号
网　　址： http://www.ccpress.com.cn
销售电话：（010）59757973
总 经 销： 人民交通出版社股份有限公司发行部
经　　销： 各地新华书店
印　　刷： 北京市密东印刷有限公司
开　　本： 880×1230　1/16
印　　张： 7
字　　数： 149 千
版　　次： 2017 年 5 月　第 1 版
印　　次： 2017 年 5 月　第 1 次印刷
书　　号： ISBN 978-7-114-13804-1
定　　价： 40.00 元

中华人民共和国交通部

公　　告

第 31 号

关于发布《公路桥梁抗风设计规范》（JTG/T D60-01—2004）的公告

现发布公路工程行业推荐性标准《公路桥梁抗风设计规范》（JTG/T D60-01—2004），自 2004 年 12 月 31 日起施行。

《公路桥梁抗风设计规范》（JTG/T D60-01—2004）由中交公路规划设计院负责编制，交通部授权中国工程建设标准化协会公路工程委员会负责规范的管理，日常解释和管理工作由中交公路规划设计院负责。

请各有关单位在实践中注意积累资料，总结经验，及时将发现的问题和修改意见函告中交公路规划设计院（地址：北京市东四前炒面胡同 33 号，邮政编码：100010，联系电话：010—65237331），以便修订时参考。

特此公告。

中华人民共和国交通部

二○○四年十二月八日

编 制 说 明

本规范系根据中华人民共和国交通部《关于下达1996年度公路工程建设标准、规范、定额等编制、修订工作计划的通知》(交公路发[1996]1085号文,项目编号:199606)的要求编制而成。

为编制本规范,1995年中交公路规划设计院与同济大学联合编制并出版了《公路桥梁抗风设计指南》,开展了"全国公路桥涵设计风速图研究"、"斜拉桥扭转和竖向弯曲基频近似计算公式研究"、"缆索承重桥梁阻尼特性研究"、"典型桥梁断面气动特性参数风洞试验研究"、"桥梁颤振检验风速修正系数研究"和"桥梁抖振反应谱及等效风荷载研究",系统总结了近20年来我国桥梁抗风研究和抗风设计的成果,学习和借鉴了欧洲规范、英国BS5400规范、美国公路桥梁设计规范、日本和丹麦的规范及其相关研究成果和工程实践经验,经过多次反复征求意见和修改,由交通部主管部门会同有关部门审查定稿,并由中国工程建设标准化协会公路工程委员会组织进行了总审校。

本规范主编单位、参编单位和主要起草人:

主 编 单 位:中交公路规划设计院

参 编 单 位:同济大学

长安大学

主要起草人:项海帆(顾问)

鲍卫刚、陈艾荣、林志兴、刘健新

目　次

1　总　则

1.0.1　为使桥梁特别是大跨、轻柔桥梁结构的抗风设计做到安全可靠、技术先进、经济合理，特编制本规范。

1.0.2　本规范适用于主跨跨径800m以下的斜拉桥和主跨跨径1500m以下的悬索桥，其他桥型结构的抗风设计可参照执行。

1.0.3　抗风设计应遵守如下原则：

1　在桥梁设计的使用年限内，在桥位所在区域可能出现的最大风速下，结构不应发生毁坏性的自激发散振动。

2　在设计风荷载并与其他作用的组合下，结构应具有规定的强度和刚度，并不应发生静力失稳。

3　结构非破坏性风致振动的振幅应满足行车安全、结构疲劳和行车舒适度的要求。

4　结构的抗风能力可通过气动措施、结构措施和机械措施予以提高。

1.0.4　风洞试验是进行桥梁结构抗风设计的重要手段。

1.0.5　公路桥梁的抗风设计除应符合本规范的要求外，尚应符合国家有关强制性标准的规定。

2 术语和符号

2.1 术语

2.1.1 基本风速 basic wind speed

开阔平坦地貌条件下,地面以上 10m 高度处,100 年重现期的 10min 平均年最大风速。

2.1.2 设计基准风速 design standard wind speed

在基本风速基础上,考虑局部地表粗糙度影响,桥梁结构或结构构件基准高度处 100 年重现期的 10min 平均年最大风速。

2.1.3 风攻角(迎角) wind attack angle

风的主流方向与水平面产生的夹角。

2.1.4 阵风系数 gust factor

反映时距为 1~3 s 的瞬时风速与 10min 平均风速的关系系数。

2.1.5 静阵风系数 static gust factor

考虑地表粗糙度、风荷载加载长度和结构构件离地面高度等因素的阵风系数。

2.1.6 阵风荷载 gust load

基于阵风风速的风荷载。

2.1.7 地表粗糙度 terrain roughness

反映大气边界层中地表起伏或地物高矮稀密的程度。

2.1.8 空气静力系数 aerostatic factor

表征在风的静气动力作用下,结构断面受力大小的无量纲系数。

2.1.9 静力扭转发散 aerostatic torsional divergence

在风的静力扭转力矩作用下,当风速达到临界值时,桥梁主梁扭转变形的附加攻角所产生的空气力矩增量超过了结构抵抗力矩的增量,而出现扭转角不断增大的失稳现象。

2.1.10 静力横向屈曲 aerostatic lateral buckling

横向静风荷载值超过桥梁主梁横向屈曲临界荷载值时出现的失稳现象。

2.1.11 颤振 flutter

振动的桥梁通过气流的反馈作用不断吸取能量,振幅逐步增大直至使结构破坏的发散性自激振动。

2.1.12 驰振 galloping

振动的桥梁从气流中不断吸取能量,使非扁平截面的细长钝体结构的振幅逐步增大的发散性弯曲自激振动。

2.1.13 涡激共振 vortex resonance

气流绕经钝体结构时产生旋涡脱落,当旋涡脱落频率与结构的自振频率接近或相等时,由涡激力所激发出的结构共振现象。

2.1.14 抖振 buffeting

风的紊流成分所激发的结构随机振动,也称为紊流风响应。

2.1.15 颤振检验风速 flutter checking wind speed

检验桥梁避免发生颤振的风速。

2.1.16 驰振检验风速 galloping checking wind speed

检验桥梁避免发生驰振的风速。

2.1.17 静力三分力 aerostatic force

气流绕过桥梁结构所产生的静力作用力的三个分量,即阻力、升力和扭转力矩。

2.1.18 节段模型试验 sectional model testing

将桥梁结构构件的代表性节段做成刚性模型,在风洞中测定其静力三分力或非定常气动力作用的试验。

2.1.19 全桥气动弹性模型试验 full aeroelastic model testing

将桥梁结构按一定几何缩尺并满足各种必要的空气动力学相似条件制成的弹性三维空间模型,在风洞中观测其在均匀流及紊流风场中各种风致效应的试验。

2.1.20 风振控制 wind-induced vibration control

为避免出现发散性风致振动或过大的限幅振动所采取的气动措施、结构措施或机械措施。

2.1.21 调质阻尼器 tuned mass damper

由质量块、弹簧和阻尼元件组成的动力减振装置。

2.2 符号

B——主梁全宽；

H——主梁高度；

f——频率；

F_p——单位长度上的风荷载；

F_g——单位长度上的阵风荷载；

F_H——横方向单位长度上的风荷载；

F_V——竖方向单位长度上的风荷载；

G_V——静阵风系数；

I_f——颤振稳定性指数；

I_x、I_y——截面的主形心轴惯性矩；

I_d——截面的自由扭转惯性矩；

I_ω——截面约束扭转的主扇性惯性矩；

K——弹簧常数（刚度系数）；

K_1——由基本风速推算设计基准风速的无量纲修正系数；

M——空气静力扭转力矩;结构总质量；

m——结构单位长度质量 ；

n——风的频率；

q——风动压 ；

r——截面惯性半径；

T——振动周期 ；

V_{10}——基本风速 ；

V_{s10}——设计风速；

V_d——设计基准风速；

V_g——阵风风速 ；

V_Z——距地面（或水面)高度 Z 处的风速；

V_{cr}——颤振临界风速 ；

V_{cg}——驰振临界风速 ；

V_{cv}——涡激共振发生风速；

V_{co}——平板的颤振临界风速；

α——地表粗糙度系数;风的攻角；

δ——对数衰减率；

ζ_s——结构的阻尼比；

η_s——非平板主梁截面的颤振临界风速形状无量纲修正系数；

η_α——非 0°攻角下相对 0°攻角的颤振临界风速的无量纲修正系数；

μ——结构物与空气的密度比；

μ_f——考虑风速的脉动影响及水平相关特性的修正系数；

ρ——空气密度；

z_0——地表粗糙高度。

3 风速计算

3.1 基本风速

3.1.1 当桥梁所在地区的气象台站具有足够的连续风速观测数据时,可采用当地气象台站年最大风速的概率分布类型,由10min平均年最大风速推算100年重现期的数学期望值作为基本风速。

3.1.2 当桥梁所在地区缺乏风速观测资料时,基本风速可由附录A的全国基本风速分布图或附表A"全国各气象台站的基本风速值"选取。

3.2 设计基准风速

3.2.1 风速沿竖直高度方向的分布可按下述公式计算:

$$V_{Z2}=\left(\frac{Z_2}{Z_1}\right)^{\alpha}\cdot V_{Z1} \tag{3.2.1}$$

式中 V_{Z2}——地面以上高度 Z_2 处的风速(m/s);

V_{Z1}——地面以上高度 Z_1 处的风速(m/s);

α——地表粗糙度系数,可按表3.2.2取用。

3.2.2 地表粗糙度系数可按图3.2.2和表3.2.2的规定取用。

表3.2.2 地 表 分 类

地表类别	地 表 状 况	地表粗糙度系数 α	粗糙高度 z_0(m)
A	海面、海岸、开阔水面、沙漠	0.12	0.01
B	田野、乡村、丛林、平坦开阔地及低层建筑物稀少地区	0.16	0.05
C	树木及低层建筑物等密集地区、中高层建筑物稀少地区、平缓的丘陵地	0.22	0.3
D	中高层建筑物密集地区、起伏较大的丘陵地	0.30	1.0

当所考虑范围内存在两种粗糙度相差较大的地表类别时,地表粗糙度系数可取两者

的平均值；当所考虑范围内存在两种相近类别时，可按较小者取用；当桥梁上下游侧地表类别不同时，可按较小一侧取值。

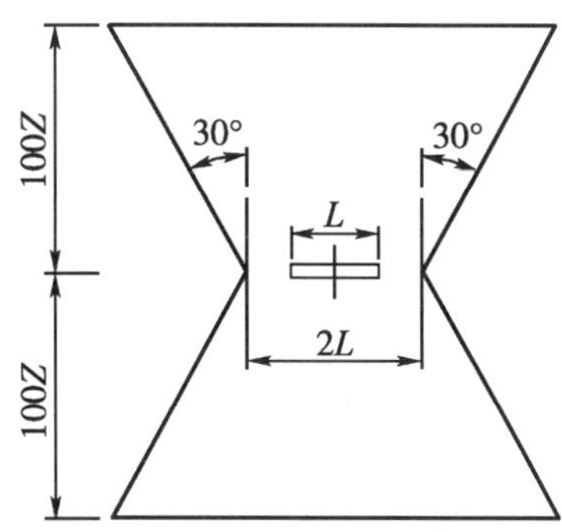

图 3.2.2　确定地表粗糙度系数的影响范围

3.2.3　桥梁各构件基准高度可按表 3.2.3 取用。

表 3.2.3　基　准　高　度

基准高度(m) \ 桥型		悬索桥、斜拉桥	其他桥型
Z	主梁	主跨桥面距水面或地表面或海面的平均高度（河流以平均水位，即一年中有半年不低于该水位的水面为基准面，海面以平均海面或平均潮位为基准面）	取下列二条中的较大值：①支点平均高度 +（桥面最大标高 − 支点平均标高）× 0.8；②桥梁设计高度
	吊杆、索、缆	跨中主梁底面到塔顶的平均高度处	
	桥塔(墩)	水面或地面以上塔(墩)高 65% 高度处	

3.2.4　桥梁构件基准高度处的设计基准风速可按下述公式计算：

$$V_d = K_1 V_{10} \tag{3.2.4-1}$$

或

$$V_d = V_{s10}\left(\frac{Z}{10}\right)^{\alpha} \tag{3.2.4-2}$$

式中　V_d——设计基准风速(m/s)；

V_{10}——基本风速(m/s)；

V_{s10}——桥址处的设计风速，即地面或水面以上 10m 高度处，100 年重现期的 10min 平均年最大风速(m/s)；

Z——构件基准高度(m)；

K_1——风速高度变化修正系数，可按本规范第 3.2.5 条规定取用。

3.2.5　风速高度变化修正系数可按下列公式计算，或按表 3.2.5 规定取用。

$$K_{1A} = 1.174\left(\frac{Z}{10}\right)^{0.12} \tag{3.2.5-1}$$

$$K_{1B}=1.0\left(\frac{Z}{10}\right)^{0.16} \tag{3.2.5-2}$$

$$K_{1C}=0.785\left(\frac{Z}{10}\right)^{0.22} \tag{3.2.5-3}$$

$$K_{1D}=0.564\left(\frac{Z}{10}\right)^{0.30} \tag{3.2.5-4}$$

表 3.2.5 风速高度变化修正系数 K_1

离地面或水面高度(m)	地表类别			
	A	B	C	D
5	1.08	1.00	0.86	0.79
10	1.17	1.00	0.86	0.79
15	1.23	1.07	0.86	0.79
20	1.28	1.12	0.92	0.79
30	1.34	1.19	1.00	0.85
40	1.39	1.25	1.06	0.85
50	1.42	1.29	1.12	0.91
60	1.46	1.33	1.16	0.96
70	1.48	1.36	1.20	1.01
80	1.51	1.40	1.24	1.05
90	1.53	1.42	1.27	1.09
100	1.55	1.45	1.30	1.13
150	1.62	1.54	1.42	1.27
200	1.73	1.62	1.52	1.39
250	1.73	1.67	1.59	1.48
300	1.77	1.72	1.66	1.57
350	1.77	1.77	1.71	1.64
400	1.77	1.77	1.77	1.71
≥450	1.77	1.77	1.77	1.77

3.2.6 当桥址处风速观测数据不充分或当桥址所在地区的气象台站与桥址相距较远且与附近气象台站的地形地貌相差较大时，宜设立桥址风速观测站，并可利用桥位处与附近气象台站的风速观测数据的相关性推算桥址处的设计风速 V_{s10}，再由本规范式(3.2.4-2)计

算设计基准风速 V_d。

3.2.7 当桥梁跨越较窄的海峡或峡谷等不易确定地表类别的特殊地形时，可通过模拟地形的风洞试验、实地风速观测、数值风洞方法或其他可靠方法确定桥梁设计基准风速。

3.3 施工阶段的设计风速

3.3.1 施工阶段的设计风速可按下式计算：

$$V_{sd} = \eta V_d \tag{3.3.1}$$

式中 V_{sd}——不同重现期下的设计风速(m/s)；

η——风速重现期系数，可按表 3.3.1 选用。

表 3.3.1 风速重现期系数

重现期(年)	5	10	20	30	50	100
η	0.78	0.84	0.88	0.92	0.95	1

3.3.2 当桥梁地表以上结构的施工期少于 3 年时，可采用不低于 5 年重现期的风速；当施工期多于 3 年或桥梁位于台风多发地区时，可根据实际情况适度提高风速重现期系数值。

4 风荷载

4.1 一般规定

4.1.1 作用于桥梁上的风荷载由平均风作用、脉动风的背景作用及结构惯性动力作用叠加而成。风的静力作用的风荷载可按本章规定的静阵风荷载计算。

4.1.2 风荷载参与永久作用和其他可变作用的作用效应组合应按《公路桥涵设计通用规范》JTG D60 的规定执行。

4.1.3 当风荷载参与汽车荷载组合时,桥面高度处的风速 V_Z 可取为 25m/s。

4.2 静阵风风速

4.2.1 静阵风风速可按下式计算:

$$V_g = G_V V_Z \tag{4.2.1}$$

式中 V_g——静阵风风速(m/s);

G_V——静阵风系数,可按表 4.2.1 取值;

V_Z——基准高度 Z 处的风速(m/s)。

表 4.2.1 静阵风系数 G_V

地表类别 \ 水平加载长度(m)	<20	60	100	200	300	400	500	650	800	1000	1200	>1500
A	1.29	1.28	1.26	1.24	1.23	1.22	1.21	1.20	1.19	1.18	1.17	1.16
B	1.35	1.33	1.31	1.29	1.27	1.26	1.25	1.24	1.23	1.22	1.21	1.20
C	1.49	1.48	1.45	1.41	1.39	1.37	1.36	1.34	1.33	1.31	1.30	1.29
D	1.56	1.54	1.51	1.47	1.44	1.42	1.41	1.39	1.37	1.35	1.34	1.32

注:(1)成桥状态下,水平加载长度为主桥全长。

(2)桥塔自立阶段的静阵风系数按水平加载长度小于 20m 选取。

(3)悬臂施工中的桥梁的静阵风系数按水平加载长度为该施工状态已拼装主梁的长度选取。

4.3 主梁上的静阵风荷载

4.3.1 在横桥向风作用下主梁单位长度上的横向静阵风荷载可按下列公式计算：

$$F_{\mathrm{H}} = \frac{1}{2}\rho V_{\mathrm{g}}^{2} C_{\mathrm{H}} H \tag{4.3.1}$$

式中 F_{H}——作用在主梁单位长度上的静阵风荷载(N/m)；

ρ——空气密度($\mathrm{kg/m^3}$)，取为1.25；

C_{H}——主梁的阻力系数；

H——主梁投影高度(m)，宜计入栏杆或防撞护栏以及其他桥梁附属物的实体高度。

4.3.2 “工”形、“Π”形或箱形截面主梁的阻力系数 C_{H} 可按下式计算：

$$C_{\mathrm{H}} = \begin{cases} 2.1 - 0.1\left(\dfrac{B}{H}\right) & 1 \leqslant \dfrac{B}{H} < 8 \\ 1.3 & 8 \leqslant \dfrac{B}{H} \end{cases} \tag{4.3.2}$$

式中 B——主梁断面全宽(m)。

4.3.3 当桥梁的主梁截面带有斜腹板时，本规范第4.3.2条中的阻力系数 C_{H} 可以竖直方向为基准每倾斜1°折减0.5%，最多可折减30%。斜腹板的倾斜角计算见图4.3.3。

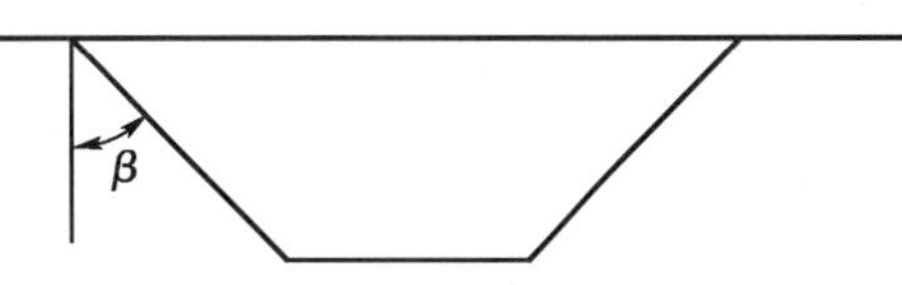

图4.3.3 斜腹板的倾斜角计算

4.3.4 桁架桥上部结构的风载阻力系数 C_{H} 规定于表4.3.4-1。上部结构为两片或两片以上桁架时，所有迎风桁架的风载阻力系数均取 ηC_{H}，η 为遮挡系数，按表4.3.4-2采用；桥面系构造的风载阻力系数取 $C_{\mathrm{H}} = 1.3$。

表4.3.4-1 桁架的风载阻力系数 C_{H}

实面积比	矩形与H形截面构件	圆柱型构件(D为圆柱直径)	
		$DV_0 < 6\mathrm{m^2/s}$	$DV_0 < 6\mathrm{m^2/s}$
0.1	1.9	1.2	0.7
0.2	1.8	1.2	0.8
0.3	1.7	1.2	0.8
0.4	1.7	1.1	0.8
0.5	1.6	1.1	0.8

注：实面积比＝桁架净面积/桁架轮廓面积。

表 4.3.4-2 桁架遮挡系数 η

间距比	实面积比				
	0.1	0.2	0.3	0.4	0.5
≤1	1.0	0.90	0.80	0.60	0.45
2	1.0	0.90	0.80	0.65	0.50
3	1.0	0.95	0.80	0.70	0.55
4	1.0	0.95	0.80	0.70	0.60
5	1.0	0.95	0.85	0.75	0.65
6	1.0	0.95	0.90	0.80	0.70

注:间距比 = 两桁架中心距/迎风桁架高度。

4.3.5 断面形状复杂的主梁的空气静力系数宜结合风洞试验综合确定。

4.3.6 跨径小于200m的桥梁的主梁上顺桥向单位长度的风荷载可按以下两种情况选取:

1 对实体桥梁截面,取其横桥向风荷载的0.25倍。

2 对桁架桥梁截面,取其横桥向风荷载的0.50倍。

4.3.7 跨径等于或大于200m的桥梁,当主梁为非桁架断面时,其顺桥向单位长度上的风荷载可按风和主梁上下表面之间产生的摩擦力计算:

$$F_{fr}=\frac{1}{2}\rho V_g^2 c_f s \tag{4.3.7}$$

式中 F_{fr}——摩擦力(N/m);

c_f——摩擦系数,按表4.3.7选取;

s——主梁周长(m)。

表 4.3.7 摩擦系数 c_f 的取值

桥梁主梁上下表面情况	摩擦系数 c_f	桥梁主梁上下表面情况	摩擦系数 c_f
光滑表面(光滑混凝土、钢)	0.01	非常粗糙表面(加肋)	0.04
粗糙表面(混凝土表面)	0.02		

4.4 墩、塔、吊杆、斜拉索和主缆上的风荷载

4.4.1 桥墩、桥塔、吊杆上的风荷载、横桥向风作用下的斜拉桥斜拉索和悬索桥主缆上的静风荷载可按下式计算:

$$F_H=\frac{1}{2}\rho V_g^2 C_H A_n \tag{4.4.1}$$

式中 C_H——桥梁各构件的阻力系数;

A_n——桥梁各构件顺风向投影面积(m^2),对吊杆、斜拉索和悬索桥的主缆取为其直径乘以其投影高度。

4.4.2 桥墩或桥塔的阻力系数 C_H 可参照表 4.4.2 选取。断面形状复杂的桥墩、桥塔可通过风洞试验测定或数值模拟方法计算其阻力系数。

表 4.4.2 桥墩或桥塔的阻力系数 C_H

截面形状	t/b	桥墩或桥塔的高宽比						
		1	2	4	6	10	20	40
风向→ 矩形（t、b）	≤1/4	1.3	1.4	1.5	1.6	1.7	1.9	2.1
风向→ 矩形（t、b）	1/3,1/2	1.3	1.4	1.5	1.6	1.8	2.0	2.2
风向→ 矩形（t、b）	2/3	1.3	1.4	1.5	1.6	1.8	2.0	2.2
风向→ 矩形（t、b）	1	1.2	1.3	1.4	1.5	1.6	1.8	2.0
风向→ 矩形（t、b）	3/2	1.0	1.1	1.2	1.3	1.4	1.5	1.7
风向→ 矩形（t、b）	2	0.8	0.9	1.0	1.1	1.2	1.3	1.4
风向→ 矩形（t、b）	3	0.8	0.8	0.8	0.9	0.9	1.0	1.2
风向→ 矩形（t、b）	≥4	0.8	0.8	0.8	0.8	0.8	0.9	1.1
正方形或八角形		1.0	1.1	1.1	1.2	1.2	1.3	1.4
12 边形		0.7	0.8	0.9	0.9	1.0	1.1	1.3
光滑表面圆形 若 $DV_0 \geq 6m^2/s$		0.5	0.5	0.5	0.5	0.5	0.6	0.6
1. 光滑表面圆形 若 $DV_0 < 6m^2/s$ 2. 有粗糙面或带凸起的圆形		0.7	0.7	0.8	0.8	0.9	1.0	1.2

注：(1)上部结构架设后，应根据高宽比为 40 计算 C_H。

(2)对于带圆弧角的矩形桥墩，其 C_H 值应由上表查出后再乘以 $(1-1.5r/b)$ 或 0.5，取二者中的较大值，r 为圆弧角的半径。

(3)对于带三角尖端的桥墩，其 C_H 值应按能包括该桥墩外边缘的矩形截面计算。

(4)对随高度有锥度变化的桥墩，C_H 值应按桥墩高度分段计算。在推算 t/b 时，每段的 t 和 b 应按其平均值计，高宽比值应以桥墩总高度对每段的平均宽度计。

4.4.3 作用于桥墩或桥塔上的风荷载可按地面或水面以上 0.65 倍墩高或塔高处的风速值确定。

4.4.4 当悬索桥主缆的中心间距为直径4倍及以上时,每根缆索的风荷载宜独立考虑,单根主缆的阻力系数可取0.7;当主缆中心距不到直径的4倍以上时,可按一根主缆计算,其阻力系数宜取1.0。当悬索桥吊杆的中心距离为直径的4倍及以上时,每根吊杆的阻力系数可取0.7。

4.4.5 斜拉桥斜拉索的阻力系数在考虑与活载组合时,可取为1.0;在设计基准风速下可取0.8。

4.4.6 在顺桥向风作用下的斜拉索上单位长度上的风荷载按下式计算:

$$F_{\mathrm{H}}=\frac{1}{2}\rho V_{\mathrm{g}}^{2}C_{\mathrm{H}}D\sin^{2}\alpha$$

式中 C_{H}——斜拉索的阻力系数,按4.4.5条选取;

α——斜拉索的倾角(°);

D——斜拉索的直径(m)。

4.5 施工阶段的风荷载

4.5.1 悬臂施工的桥梁,除了对称加载外,还应考虑不对称加载工况,参见图4.5.1,不对称系数可取0.5。

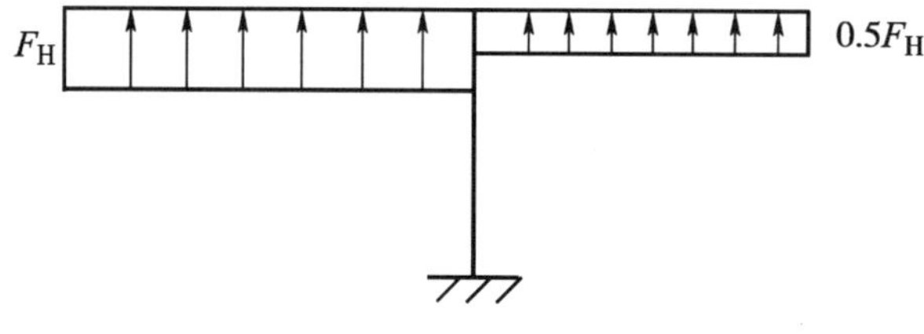

图 4.5.1

4.5.2 对悬臂施工中的大跨斜拉桥和连续刚构桥,应对其最大双悬臂状态和最大单悬臂状态进行详细的风荷载分析,必要时可通过风洞试验测定其风荷载。

5 桥梁的动力特性

5.1 一般规定

5.1.1 桥梁的自振频率及相应的振型宜采用有限元方法计算,也可按本规范第 5.2、5.3 节的公式估算桥梁的基频。

5.2 斜拉桥的基频估算

5.2.1 双塔斜拉桥的竖向弯曲基频可按下列公式估算:

无辅助墩的斜拉桥:
$$f_b = \frac{110}{L} \tag{5.2.1-1}$$

有辅助墩的斜拉桥:
$$f_b = \frac{150}{L} \tag{5.2.1-2}$$

式中 L——斜拉桥主跨跨径(m);

f_b——竖向弯曲基频(Hz)。

5.2.2 双塔斜拉桥的扭转基频可按下述公式估算:

$$f_t = \frac{C}{\sqrt{L}} \tag{5.2.2}$$

式中 C——斜拉桥扭转基频经验系数,可按表 5.2.2 取用;

f_t——双塔斜拉桥的扭转基频(Hz)。

表 5.2.2 斜拉桥扭转基频经验系数

索　　面	主梁断面形状	钢　　桥	混 凝 土 桥
平行索面	开口	10	9
	半开口	12	12
	闭口	17	14
斜索面	开口	12	11
	半开口	14	12
	闭口	21	17

5.3 悬索桥的基频估算

5.3.1 单跨简支悬索桥的反对称竖向弯曲基频可按下述公式估算:

$$f_b = \frac{1}{L}\sqrt{\frac{EI\left(\frac{2\pi}{L}\right)^2 + 2H_g}{m}} \tag{5.3.1}$$

式中 f_b——反对称竖向弯曲基频(Hz);

L——悬索桥的主跨跨径(m);

EI——加劲梁竖弯刚度(N·m²);

H_g——恒荷载作用下单根主缆的水平拉力(N);

m——桥面系和主缆的单位长度质量(kg/m),$m = m_d + 2m_c$;

m_d——桥面系单位长度质量(kg/m);

m_c——单根主缆单位长度质量(kg/m)。

5.3.2 主跨跨径500m以上的悬索桥的反对称竖向弯曲基频可按下述公式估算:

$$f_b = \frac{1.16}{\sqrt{f}} \tag{5.3.2}$$

式中 f——主缆矢高(m)。

5.3.3 中跨简支的悬索桥的竖向对称弯曲基频可按下述公式估算:

$$f_b = \frac{0.1}{L}\sqrt{\frac{E_c A_c}{m}} \tag{5.3.3}$$

式中 E_c——主缆的弹性模量(N/m²);

A_c——单根主缆的截面积(m²);

5.3.4 中跨简支的悬索桥的反对称扭转基频可按下述公式估算:

$$f_b = \frac{1}{L}\cdot\sqrt{\frac{EI_\omega\left(\frac{2\pi}{L}\right)^2 + \left(GI_d + \frac{H_g B_c^2}{2}\right)}{m_d r^2 + m_c\frac{B_c^2}{2}}} \tag{5.3.4}$$

式中 EI_ω,GI_d——分别为主梁截面的约束扭转刚度和自由扭转刚度(N·m⁴和N·m²),对闭口箱梁可忽略约束扭转刚度;

r——加劲梁的截面惯性半径(m);

B_c——主缆中心距(m)。

5.3.5 悬索桥的对称扭转基频可按下述公式估算:

$$f_t = \frac{1}{2L}\sqrt{\frac{GI_d + 0.05256E_cA_c(B_c/2)^2}{m_d r^2 + m_c\frac{B_c^2}{2}}} \tag{5.3.5}$$

5.4 桥梁结构的阻尼比

5.4.1 桥梁结构的阻尼比 ζ_s 可按下列数值取用：

钢　　　桥	0.005
钢混结合梁桥	0.01
混 凝 土 桥	0.02

6 抗风稳定性验算

6.1 静力稳定性验算

6.1.1 主跨跨径大于400m的斜拉桥和主跨跨径大于600m的悬索桥应计算其静力稳定性。

6.1.2 悬索桥的横向屈曲临界风速可按下述公式计算:

$$V_{lb}=K_{lb}\cdot f_t\cdot B \tag{6.1.2-1}$$

$$K_{lb}=\sqrt{\frac{\pi^3\frac{B}{H}\mu\frac{r}{b}}{1.88C_H\varepsilon\sqrt{4.54+\frac{C'_L}{C_H}\frac{B_c}{H}}}} \tag{6.1.2-2}$$

$$\mu=\frac{m}{\pi\rho b^2};\ b=\frac{B}{2};$$

$$\frac{r}{b}=\frac{1}{b}\sqrt{\frac{I_m}{m}};\ \varepsilon=\frac{f_t}{f_b}$$

式中 V_{lb}——横向屈曲临界风速(m/s);

B——主梁全宽(m);

H——主梁高度(m);

B_c——主缆中心距(m);

m——桥面系及主缆单位长度质量(kg/m);

I_m——桥面系及主缆单位长度质量惯矩(kg·m²/m);

f_t——对称扭转基频(Hz);

f_b——对称竖向弯曲基频(Hz);

ε——扭弯频率比;

C_H——主梁阻力系数;

C_L'——风攻角 $\alpha=0°$时主梁升力系数 C_L 的斜率,宜通过风洞试验或数值模拟技术得到。

6.1.3 悬索桥横向屈曲临界风速的应满足下述规定:

$$V_{lb}\geqslant 2V_d \tag{6.1.3}$$

式中　V_d——桥面高度处的设计基准风速(m/s)。

6.1.4　悬索桥和斜拉桥的静力扭转发散临界风速可按下述公式计算:

$$V_{td} = K_{td} \cdot f_t \cdot B \tag{6.1.4-1}$$

$$K_{td} = \sqrt{\frac{\pi^3}{2}\mu\left(\frac{r}{b}\right)^2 \cdot \frac{1}{C'_M}} \tag{6.1.4-2}$$

式中　C'_M——当风攻角 $\alpha = 0$ 时,主梁扭转力矩系数 C_M 的斜率,宜通过风洞试验或数值模拟技术得到。

6.1.5　静力扭转发散的临界风速应满足下述规定:

$$V_{td} \geqslant 2V_d \tag{6.1.5}$$

6.2　驰振稳定性验算

6.2.1　宽高比 $B/H < 4$ 的钢主梁、斜拉桥和悬索桥的钢质桥塔应验算其自立状态下的驰振稳定性。

6.2.2　当驰振力系数 $C'_L + C_H < 0$ 时,应检验驰振稳定性。

驰振临界风速可用下式估算:

$$V_{cg} = -\frac{4m\omega_1\zeta_s}{\rho H} \cdot \frac{1}{C'_L + C_H} \tag{6.2.2}$$

式中　ω_1——结构一阶弯曲圆频率(rad/s),$\omega = 2\pi f_b$;

ζ_s——结构阻尼比;

H——构件断面迎风宽度(m)。

结构断面的驰振力系数 $C'_L + C_H$ 一般由风洞试验得到。典型断面的驰振力系数见表6.2.2。

表 6.2.2　典型断面的驰振力系数

断面形状	驰振力系数	断面形状	驰振力系数
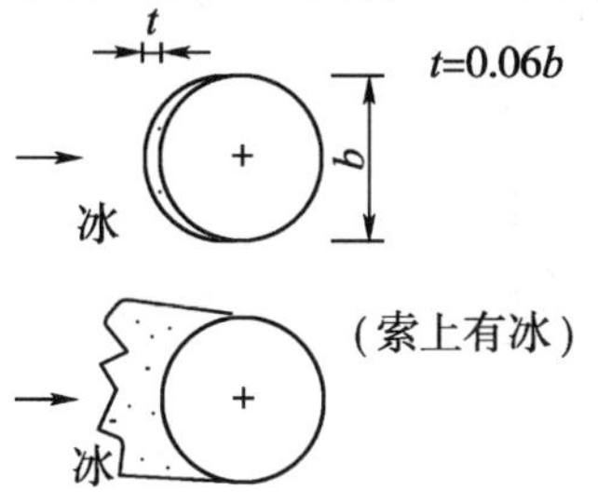 t, t=0.06b, b, 冰	−1	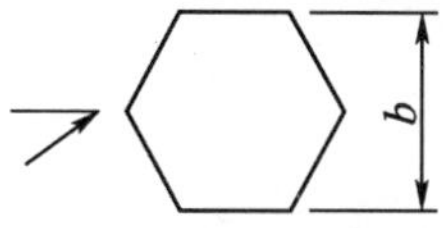 b	−1.0
(索上有冰), 冰		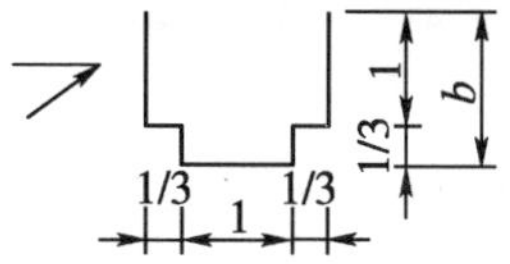 1, b, 1/3, 1/3, 1, 1/3	−4.0

表 6.2.2(续)

断面形状	驰振力系数	断面形状	驰振力系数
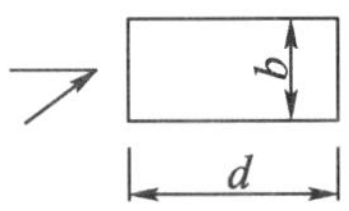 $\frac{d}{b}=2.0$	-2.0	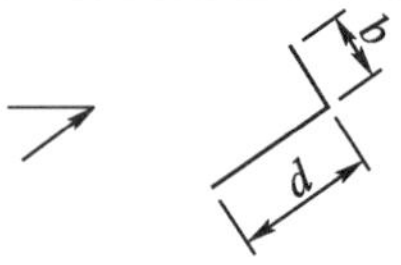 $\frac{d}{b}=2.0$	-0.7
$\frac{d}{b}=1.5$	-1.7	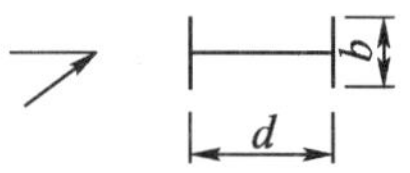 $\frac{d}{b}=2.7$	-5.0
$\frac{d}{b}=1.0$	-1.2	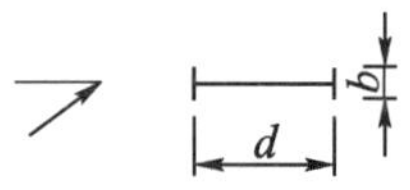 $\frac{d}{b}=5.0$	-7.0
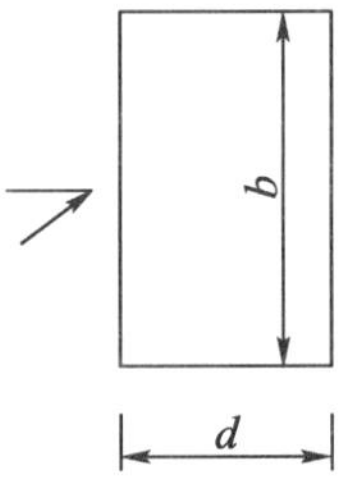 $\frac{d}{b}=\frac{2}{3}$	-1.0	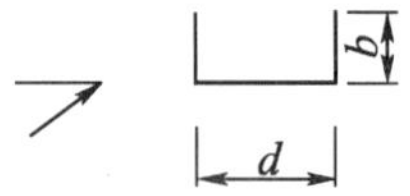 $\frac{d}{b}=3.0$	-7.5
$\frac{d}{b}=\frac{1}{2}$	-0.7	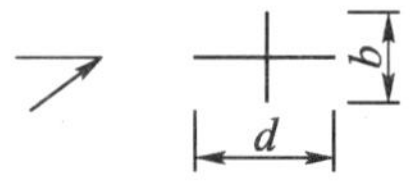 $\frac{d}{b}=3/4$	-3.2
$\frac{d}{b}=\frac{1}{3}$	-0.4	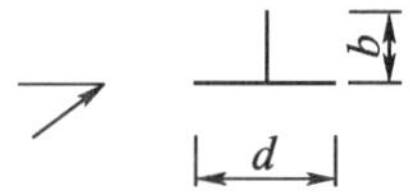 $\frac{d}{b}=2.0$	-1.0

6.2.3 驰振临界风速 V_{cg}应满足下述规定:

$$V_{cg} \geqslant 1.2V_d \tag{6.2.3}$$

6.3 颤振稳定性验算

6.3.1 颤振稳定性指数 I_f 应按下述公式计算:

$$I_f = \frac{[V_{cr}]}{f_t \cdot B} \tag{6.3.1}$$

式中 I_f——颤振稳定性指数;

f_t——扭转基频(Hz);

B——桥面全宽(m);

$[V_{cr}]$——颤振检验风速(m/s),可按 6.3.8 条计算。

6.3.2 成桥状态下的双塔斜拉桥可按对称扭转基频计算其稳定性。成桥状态下的悬索桥可取较小的扭转基频计算其稳定性。

6.3.3 颤振稳定性检验可按以下分级进行：

1 当颤振稳定性指数 $I_f < 2.5$ 时，可按第 6.3.4 条规定计算桥梁的颤振临界风速。

2 当颤振稳定性指数 $2.5 \leqslant I_f < 4.0$ 时，宜通过节段模型风洞试验进行检验。

3 当颤振稳定性指数 $4.0 \leqslant I_f < 7.5$ 时，宜进行主梁的气动选型，并通过节段模型试验、全桥模型试验或详细的颤振稳定性分析进行检验。

4 当颤振稳定性指数 $I_f \geqslant 7.5$ 时，宜进行主梁的气动选型，通过节段模型试验、全桥模型试验和详细的颤振稳定性分析进行检验，必要时应采用振动控制技术。

6.3.4 当颤振稳定性指数 $I_f < 2.5$ 时，颤振临界风速可按下述公式计算：

$$V_{cr} = \eta_s \cdot \eta_\alpha \cdot V_{co} \tag{6.3.4-1}$$

$$V_{co} = 2.5\sqrt{\mu \cdot \frac{r}{b}} \cdot f_t \cdot B \tag{6.3.4-2}$$

式中 V_{cr}——桥梁的颤振临界风速(m/s)；

V_{co}——平板颤振临界风速(m/s)；

η_s——形状系数，可按表 6.3.4 取用；

η_α——攻角效应系数，可按表 6.3.4 取用。

表 6.3.4 形状系数 η_s 和攻角效应系数 η_α

截面形式	形状系数 η_s			攻角效应系数 η_α
	阻尼比			
	0.005	0.01	0.02	
平板	1	1	1	—
钝头形	0.50	0.55	0.60	0.80
带挑臂	0.65	0.70	0.75	0.70
带斜腹板	0.60	0.70	0.90	0.70
带风嘴	0.70	0.70	0.80	0.80
带分流板	0.80	0.80	0.80	0.80
开口板梁	0.35	0.40	0.50	0.85

6.3.5 主跨跨径小于 300m 的桥梁，当主梁断面宽高比 $B/H = 4 \sim 8$ 时，可按下述公式计算颤振临界风速：

$$V_{cr} = 5f_t \cdot B \tag{6.3.5-1}$$

对宽高比 $B/H < 4$ 的主梁断面，其颤振临界风速可取式(6.3.5-1)和下式计算结果的

较小者:

$$V_{cr} = 12f_t \cdot H \tag{6.3.5-2}$$

6.3.6 风洞试验宜考察桥梁在风攻角 $-3° \leqslant \alpha \leqslant +3°$范围内的颤振稳定性。在模拟桥梁阻尼比的条件下,若无明显发散点,可以扭转位移根方差值0.5°时的风速作为颤振临界风速。

6.3.7 在风攻角 $-3° \leqslant \alpha \leqslant +3°$范围内,颤振临界风速应满足下述规定:

$$V_{cr} \geqslant [V_{cr}] \tag{6.3.7}$$

式中 V_{cr}——颤振临界风速(m/s);

$[V_{cr}]$——颤振检验风速(m/s),可按第6.3.8条规定计算。

6.3.8 颤振检验风速可按下式计算:

$$[V_{cr}] = 1.2 \cdot \mu_f \cdot V_d \tag{6.3.8}$$

式中 μ_f——风速脉动修正系数,可按表6.3.8规定选用。

表6.3.8 风速脉动修正系数 μ_f

地表类别 \ 跨径(m)	100	200	300	400	500	650	800	1000	1200	>1500
A	1.30	1.27	1.25	1.24	1.23	1.22	1.21	1.20	1.20	1.19
B	1.36	1.33	1.30	1.29	1.28	1.27	1.26	1.25	1.24	1.22
C	1.43	1.39	1.37	1.35	1.33	1.31	1.30	1.28	1.27	1.25
D	1.49	1.44	1.42	1.40	1.38	1.36	1.35	1.33	1.31	1.29

6.4 施工阶段的抗风稳定性检验

6.4.1 当斜拉桥最大双悬臂和最大单悬臂施工状态的颤振稳定性指数 I_f 大于或等于4.0时,宜通过适当的模型风洞试验作抗风稳定性检验。

6.4.2 悬索桥主缆的施工猫道可采用抗风索网保证其稳定性,也可通过增设猫道之间的横系梁保证抗风稳定性,条件允许时可通过风洞试验进行检验。

6.4.3 在悬索桥已拼装桥面占全桥拼装量的10%~40%之间时存在一个稳定性最不利的状态,条件允许时宜通过适当的风洞试验进行检验。

7 风致限幅振动

7.1 抖振

7.1.1 桥梁由于风的脉动作用，诱发桥梁的抖振而产生抖振惯性力。当判断桥梁结构对风的作用敏感时，宜通过适当的风洞试验测定或数值模拟技术计算其气动力参数，进行抖振响应分析，必要时可通过全桥气动弹性模型试验测定其抖振响应。

7.1.2 抖振响应分析应考虑脉动风的空间相关和动力特征以及结构的振动特性等因素，宜包括所有可能被紊流激发的振型。

7.2 涡激共振

7.2.1 混凝土桥梁可不考虑涡激共振的影响。钢桥或钢质桥塔宜通过风洞试验作涡激振动测试。

7.2.2 当结构基频大于 5 Hz 时，可不考虑涡激共振的影响。

7.2.3 实腹式桥梁的竖向涡激共振发生风速可按下式计算：

$$V_{cvh} = 2.0 f_b B \tag{7.2.3-1}$$

式中 V_{cvh}——竖向涡激共振发生风速(m/s)；

f_b——竖向弯曲振动频率(Hz)；

B——桥面全宽(m)。

扭转涡激共振的发生风速可按下式计算：

$$V_{cv\theta} = 1.33 f_t B \tag{7.2.3-2}$$

式中 $V_{cv\theta}$——扭转涡激共振发生风速(m/s)；

f_t——扭转振动频率(Hz)。

7.2.4 实腹式桥梁竖向涡激共振振幅可按下式估算：

$$h_c = \frac{E_h \cdot E_{th}}{2\pi m_r \zeta_s} B \tag{7.2.4-1}$$

$$m_{\mathrm{r}}=\frac{m}{\rho B^{2}} \tag{7.2.4-2}$$

$$E_{\mathrm{h}}=0.065\beta_{\mathrm{ds}}(B/H)^{-1} \tag{7.2.4-3}$$

$$E_{\mathrm{th}}=1-15\cdot\beta_{\mathrm{t}}\cdot(B/H)^{1/2}I_{\mathrm{u}}^{2}\geqslant 0 \tag{7.2.4-4}$$

$$I_{\mathrm{u}}=\frac{1}{\ln\left(\frac{Z}{z_{0}}\right)} \tag{7.2.4-5}$$

式中 h_{c}——竖向涡激共振振幅(m);

m——桥梁单位长度质量(kg/m)。对变截面桥梁,可取 1/4 跨径处的平均值;对斜拉桥,应计入斜拉索质量的一半;对悬索桥,应计主缆全部质量;

ζ_{s}——桥梁结构阻尼比;

β_{ds}——形状修正系数,对宽度小于 1/4 有效高度,或具有垂直腹板的钝体断面,取为 2;对六边形断面或宽度大于 1/4 有效高度或具有斜腹板的钝体断面,取为 1;

B——桥面宽度(m);

H——桥面高度(m),见图 7.2.4;

β_{t}——系数,对六边形截面为 0,其他截面取 1;

I_{u}——紊流强度;

Z——桥面的基准高度(m);

z_{0}——桥址处的地表粗糙高度(m),可按表 3.2.2 选取。

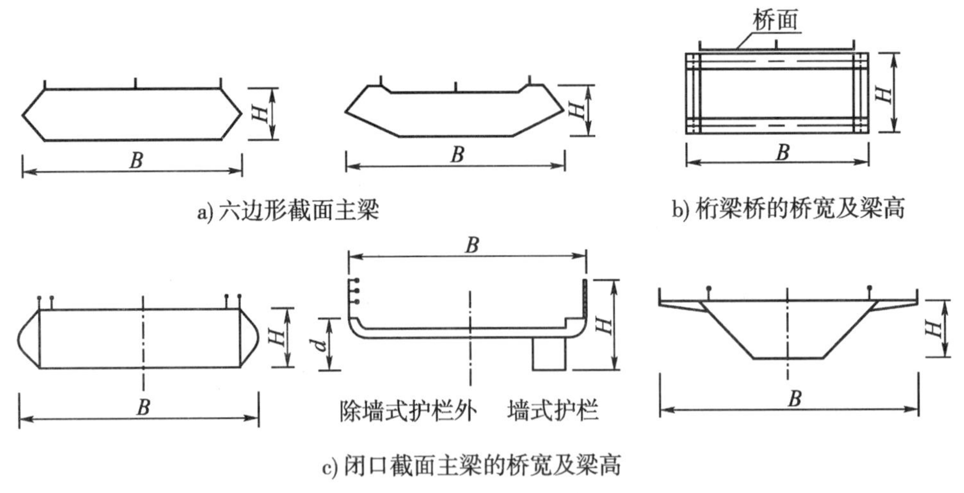

图 7.2.4 桥面的宽度和高度

7.2.5 实腹式桥梁扭转涡激共振振幅可按下式估算:

$$\theta_{\mathrm{c}}=\frac{E_{\theta}\cdot E_{\mathrm{t}\theta}}{2\pi I_{\mathrm{pr}}\zeta_{\mathrm{s}}}B \tag{7.2.5-1}$$

$$I_{\mathrm{pr}}=\frac{I_{\mathrm{p}}}{\rho B^{4}} \tag{7.2.5-2}$$

$$E_{\theta} = 17.16\beta_{ds}(B/H)^{-3} \tag{7.2.5-3}$$

$$E_{t\theta} = 1 - 20\cdot\beta_{t}\cdot(B/H)^{1/2}I_{u}^{2} \geqslant 0 \tag{7.2.5-4}$$

式中　I_p——桥梁单位长度质量惯矩($kg\cdot m^4/m$),对变截面桥梁,取1/4跨径处的平均值;对斜拉桥,应计入斜拉索质量的一半;对悬索桥,应计入主缆全部质量;

θ_c——扭转涡激共振振幅(m);

ζ_s——结构阻尼比。

7.2.6　涡激共振振幅的允许值可按下述公式计算:

1　竖向涡激共振的振幅应满足下述规定:

$$h_c < [h_a] = \frac{0.04}{f_b} \tag{7.2.6-1}$$

式中　$[h_a]$——竖向涡激共振的允许振幅(m)。

2　扭转涡激共振的振幅应满足下述规定:

$$\theta_c < [\theta_a] = \frac{4.56}{B\cdot f_t} \tag{7.2.6-2}$$

式中　$[\theta_a]$——扭转涡激共振的允许振幅(rad)。

7.3　拉索振动

7.3.1　斜拉索有可能会出现参数振动、线性内部共振、涡激共振以及风雨激振等振动,应采取相应的措施控制其振动。

8 风致振动控制

8.1 一般规定

8.1.1 结构的抗风能力可通过结构措施、气动措施、机械措施予以提高或改善。

8.1.2 结构措施是通过增加结构的总体刚度来提高桥梁的气动稳定性的措施。

8.1.3 气动措施是通过选择空气动力稳定性好的断面或较小改变主梁、桥塔、吊杆、拉索的外形或附加气动装置,提高桥梁的气动稳定性和避免或降低风振响应的措施。

8.1.4 机械措施是通过附加阻尼来提高桥梁的气动稳定性或降低风振响应的措施。

8.2 主梁

8.2.1 主梁基本断面的选择应考虑气动稳定性的要求。

8.2.2 当主梁的基本断面不能满足气动稳定性要求或者出现不能接受的涡激共振时,可适当修改断面或采用附加导流板、抑流板、风嘴、分流板和中央稳定板等装置改善空气动力学性能。

8.2.3 在满足气动稳定性要求的前提下,可采用机械措施降低涡激共振或抖振响应。

8.3 桥塔和高墩

8.3.1 桥塔塔柱断面切角或附加气动装置可以改善桥塔的驰振稳定性或抑制涡激共振。

8.3.2 当气动措施不能满足抗风要求时,可以采用阻尼装置或主动控制措施控制桥塔施工过程和成桥后的风致振动。

8.4 拉索和吊杆

8.4.1 设置阻尼装置是拉索减振的有效措施。

8.4.2 附加凸起、卷缠螺旋线、表面加工或改变断面形状的方式可以防止或降低风雨激振的发生。

拉索采用附加凸起断面时，应注意风荷载增加的影响。

横向并列的拉索或吊杆的中心间距宜大于拉索或吊杆直径的 5 倍，并应避免在 10～20 倍的直径范围内，下风侧拉索或吊杆发生尾流驰动。

8.4.3 辅助缆索或联结器联结若干根斜拉索可以减振。

9 风洞试验

9.0.1 模型风洞试验宜在模拟大气边界层的风洞中进行。模拟的大气边界层应反映桥址处的平均风速剖面、紊流强度剖面及脉动风功率谱。

9.0.2 模型应模拟桥梁结构构件的外部轮廓。模型的频率和阻尼比应模拟实际桥梁结构的主要模态频率和阻尼比。

9.0.3 风洞试验宜考虑紊流特征和风攻角的影响。所考虑的紊流特征以及风攻角应同桥址处的风环境相适宜。

9.0.4 风洞试验要求见附录 B。

附录 A　全国基本风速值和基本风速分布图

A.1.1　全国主要气象台站 10 年、50 年和 100 年重现期下的基本风速值见附表 A。

A.1.2　全国基本风速分布图见附图 A。

附表 A　全国各气象台站的基本风速值

省市名	地　　名	海拔高度(m)	风速(m/s)		
			1/10	1/50	1/100
北京		54.0	22.2	27.2	28.6
天津	天津市	3.3	22.1	28.6	31.3
	塘沽	3.2	25.6	30.0	31.3
上海		2.8	23.9	31.3	33.8
重庆		259.1	20.5	25.9	27.5
	涪陵市	273.5	18.3	22.4	24.2
	奉节	607.3	20.8	24.6	26.3
	梁平	454.6	18.5	22.6	24.5
	万县	186.7	15.8	22.3	24.1
河北	石家庄市	80.5	20.3	24.0	25.7
	张家口市	724.2	24.8	31.1	32.5
	承德市	377.2	22.6	26.0	27.6
	保定市	17.2	22.2	25.6	27.1
	秦皇岛市	2.1	23.9	27.1	28.6
	唐山市	27.8	22.2	25.6	27.1
	蔚县	909.5	18.9	23.2	25.0
	邢台市	76.8	18.1	22.2	24.0
	丰宁	659.7	22.9	26.4	28.0
	围场	842.8	24.9	28.3	29.8
	怀来	536.8	20.8	24.6	26.3
	遵化	54.9	22.2	25.6	27.2
	青龙	227.2	20.4	22.4	24.2
	霸县	9.0	20.2	25.6	27.1
	乐亭	10.5	22.1	25.6	27.1
	饶阳	18.9	22.2	23.9	25.6
	沧州市	9.6	22.1	25.6	27.1
	黄骅	6.6	22.1	25.6	27.1
	南宫市	27.4	20.2	23.9	25.6
山西	太原市	778.3	23.0	26.6	28.2
	大同市	1067.2	25.2	31.6	34.4
	河曲	861.5	23.1	29.8	32.7
	五寨	1401.0	23.7	27.4	29.1
	兴县	1012.6	21.3	28.5	31.5
	原平	828.2	23.1	29.8	32.6

附表 A(续)

省市名	地　　名	海拔高度(m)	风速(m/s)		
			1/10	1/50	1/100
山西	离石	950.8	23.2	28.4	30.0
	阳泉市	741.9	23.0	26.5	28.1
	榆社	1041.4	19.0	23.3	25.2
	隰县	1052.7	21.3	25.2	26.9
	介休	743.9	21.0	26.5	28.1
	临汾市	449.5	20.7	26.1	27.7
	长治县	991.8	23.3	30.0	32.9
	运城市	376.0	22.6	26.0	27.6
	阳城	659.5	22.9	28.0	29.5
内蒙古	呼和浩特市	1063.0	25.2	31.6	33.0
	额右旗拉布达林	581.4	24.6	29.4	32.2
	牙克石市图里河	732.6	23.0	26.5	28.1
	满洲里市	661.7	29.5	32.4	33.7
	海拉尔市	610.2	27.9	33.6	36.1
	鄂伦春小二沟	286.1	22.5	25.9	27.5
	新巴尔虎右旗	554.2	27.9	32.2	33.5
	新巴尔虎左旗阿木古朗	642.0	26.4	30.9	32.3
	牙克石市博克图	739.7	26.5	31.1	32.5
	扎兰屯市	306.5	22.5	25.9	27.5
	科右翼前旗阿尔山	1027.4	25.2	30.1	31.5
	乌兰浩特市	274.7	25.9	30.4	31.7
	科右翼前旗索伦	501.8	27.8	30.7	32.1
	东乌珠穆沁旗	838.7	24.9	31.2	34.0
	额济纳旗	940.5	26.8	32.8	35.4
	额济纳旗拐子湖	960.0	28.4	31.4	32.8
	阿左旗巴彦毛道	1328.1	27.3	32.0	33.4
	阿拉善右旗	1510.1	29.2	32.3	33.8
	二连浩特市	964.7	31.4	34.2	35.5
	那仁宝力格	1181.6	27.1	31.8	33.2
	达茂旗满都拉	1225.2	30.4	37.2	39.6
	阿巴嘎旗	1126.1	25.3	30.2	31.7
	苏尼特左旗	1111.4	27.0	30.2	31.7
	乌拉特后旗海力素	1509.6	29.2	30.8	32.3
	苏尼特右旗朱日和	1150.8	30.3	34.5	37.1
	乌拉特中旗海流图	1288.0	28.9	33.4	34.7
	百灵庙	1376.6	30.6	37.5	39.9
	四子王旗	1490.1	27.5	33.7	36.4
	化德	1482.7	29.2	37.7	40.1

附表 A(续)

省市名	地 名	海拔高度(m)	风速(m/s)		
			1/10	1/50	1/100
内蒙古	杭锦后旗陕坝	1056.7	23.3	28.6	30.1
	包头市	1067.2	25.2	31.6	33.0
	集宁市	1419.3	27.4	33.6	36.3
	阿拉善左旗吉兰泰	1031.8	25.2	30.1	31.6
	临河市	1039.3	23.3	30.1	33.0
	鄂托克旗	1380.3	25.6	32.1	34.9
	东胜市	1460.4	23.8	30.7	33.7
	阿腾席连	1329.3	27.3	30.5	32.0
	巴彦浩特	1561.4	27.6	33.8	36.6
	西乌珠穆沁旗	995.9	28.5	31.5	32.9
	扎鲁特鲁北	265.0	25.9	30.4	31.7
	巴林左旗林东	484.4	26.2	30.7	32.1
	锡林浩特市	989.5	26.9	31.5	32.9
	林西	799.0	28.2	32.6	35.2
	开鲁	241.0	25.9	30.3	31.7
	通辽市	178.5	25.8	30.2	31.6
	多伦	1245.4	27.2	31.9	33.3
	赤峰市	571.1	22.8	30.8	33.5
	敖汉旗宝国图	400.5	26.1	29.1	30.6
辽宁	沈阳市	42.8	25.6	30.0	31.4
	彰武	79.4	24.0	27.2	28.7
	阜新市	144.0	22.3	30.2	32.8
	开原	98.2	22.2	27.2	28.7
	清原	234.1	20.4	25.9	27.4
	朝阳市	169.2	25.8	30.2	31.6
	建平县叶柏寿	421.7	22.6	24.4	26.1
	黑山	37.5	27.2	32.6	35.1
	锦州市	65.9	25.6	31.4	33.9
	鞍山市	77.3	22.2	28.7	31.4
	本溪市	185.2	24.1	27.4	28.8
	抚顺市章党	118.5	22.3	27.3	28.7
	桓仁	240.3	20.4	22.4	24.2
	绥中	15.3	20.2	25.6	27.1
	兴城市	8.8	23.9	27.1	28.6
	营口市	3.3	25.6	31.3	33.8
	盖县熊岳	20.4	22.2	25.6	27.1
	本溪县草河口	233.4	20.4	27.4	30.3
	岫岩	79.3	22.2	27.2	28.7

附表 A(续)

省市名	地　　名	海拔高度(m)	风速(m/s)		
			1/10	1/50	1/100
辽宁	宽甸	260.1	22.4	28.9	31.7
	丹东市	15.1	23.9	30.0	32.6
	瓦房店市	29.3	23.9	28.6	30.0
	新金县皮口	43.2	24.0	28.6	30.0
	庄河	34.8	23.9	28.6	30.0
	大连市	91.5	25.7	32.7	35.2
吉林	长春市	236.8	27.4	33.0	35.4
	白城市	155.4	27.3	32.8	35.3
	乾安	146.3	24.1	27.3	28.8
	前郭尔罗斯	134.7	22.3	27.3	28.8
	通榆	149.5	24.1	28.8	30.2
	长岭	189.3	22.3	27.4	28.8
	扶余市三岔河	196.6	22.3	28.9	31.6
	双辽	114.9	24.0	28.7	30.1
	四平市	164.2	25.8	30.2	31.6
	磐石县烟筒山	271.6	22.4	25.9	27.5
	吉林市	183.4	25.8	28.8	30.2
	蛟河	295.0	22.5	27.5	29.0
	敦化市	523.7	22.7	27.8	29.3
	梅河口市	339.9	22.5	26.0	27.6
	桦甸	263.8	22.4	25.9	27.5
	靖宇	549.2	20.8	24.6	26.3
	抚松县东岗	774.2	23.0	26.6	28.2
	延吉市	176.8	24.1	28.8	30.2
	通化市	402.9	22.6	29.2	31.9
	浑江市临江	332.7	18.4	22.5	24.3
	集安市	177.7	18.2	22.3	24.1
	长白	1016.7	25.2	28.5	30.1
黑龙江	哈尔滨市	142.3	24.1	30.2	32.8
	漠河	296.0	20.5	24.3	25.9
	塔河	357.4	20.6	22.5	24.3
	新林	494.6	20.7	24.5	26.2
	呼玛	177.4	22.3	28.8	31.6
	加格达奇	371.7	20.6	24.4	26.0
	黑河市	166.4	24.1	28.8	30.2
	嫩江	242.2	25.9	30.3	31.7
	孙吴	234.5	25.9	31.7	34.2
	北安市	269.7	22.4	29.0	31.7

附表 A(续)

省市名	地　　名	海拔高度(m)	风速(m/s)		
			1/10	1/50	1/100
黑龙江	克山	234.6	22.4	27.4	28.9
	富裕	162.4	22.3	25.8	27.3
	齐齐哈尔市	145.9	24.1	27.3	28.8
	海伦	239.2	24.2	30.3	33.0
	明水	249.2	24.2	27.4	28.9
	伊春市	240.9	20.4	24.2	25.9
	泰来	149.5	22.3	27.3	28.8
	鹤岗市	227.9	22.4	25.8	27.4
	富锦	64.2	22.2	27.2	28.7
	绥化市	179.6	24.1	30.2	32.9
	安达市	149.3	20.4	27.3	30.2
	铁力	210.5	20.4	24.2	25.8
	佳木斯市	81.2	25.7	32.7	35.1
	依兰	100.1	27.2	32.7	35.2
	宝清	83.0	22.2	25.7	27.2
	通河	108.6	24.0	28.7	30.1
	尚志	189.7	24.1	30.3	31.6
	鸡西市	233.6	25.9	30.3	33.0
	虎林	100.2	24.0	27.2	28.7
	牡丹江市	241.4	24.2	28.9	30.3
	绥芬河市	496.7	26.2	32.1	34.7
山东	济南市	51.6	22.2	27.2	28.6
	德州市	21.2	22.2	27.1	28.6
	惠民	11.3	25.6	28.6	30.0
	寿光县羊角沟	4.4	22.1	27.1	28.6
	龙口市	4.8	27.1	31.3	32.6
	烟台市	46.7	25.6	30.0	31.4
	威海市	46.6	25.6	31.4	33.9
	荣城市成山头	47.7	31.4	33.9	35.1
	莘县朝城	42.7	24.0	27.2	28.6
	泰安市泰山	1533.7	35.2	40.2	42.5
	泰安市	128.8	22.3	25.7	27.3
	淄博市张店	34.0	22.2	25.6	27.2
	沂源	304.5	22.5	24.3	25.9
	潍坊市	44.1	22.2	25.6	27.2
	莱阳市	30.5	22.2	25.6	27.1
	青岛市	76.0	27.2	31.4	33.9
	海阳	65.2	25.6	30.1	31.4

附表 A(续)

省市名	地名	海拔高度(m)	风速(m/s)		
			1/10	1/50	1/100
山东	荣城市石岛	33.7	25.6	30.0	32.6
	荷泽市	49.7	20.3	25.6	28.6
	兖州	51.7	20.3	25.6	27.2
	莒县	107.4	20.3	24.0	25.7
	临沂	87.9	22.2	25.7	27.2
	日照市	16.1	22.1	25.6	27.1
江苏	南京市	8.9	20.2	25.6	27.1
	徐州市	41.0	20.2	24.0	25.6
	赣榆	2.1	22.1	27.1	28.6
	盱眙	34.5	20.2	23.9	25.6
	淮阴市	17.5	20.2	25.6	27.1
	射阳	2.0	22.1	25.6	27.1
	高邮	5.4	20.2	25.6	27.1
	东台市	4.3	22.1	25.6	27.1
	南通市	5.3	22.1	27.1	28.6
	启东县吕泗	5.5	23.9	28.6	30.0
	常州市	4.9	20.2	25.6	27.1
	溧阳	7.2	20.2	25.6	27.1
	吴县东山	17.5	22.2	27.1	28.6
	泰州	6.6	20.2	25.6	27.1
	镇江	26.4	22.2	25.6	27.1
	无锡	6.7	22.1	27.1	28.6
	连云港	3.7	23.9	30.0	32.6
	盐城	3.6	20.2	27.1	30.0
	苏州	7.1	22.1	27.1	28.6
浙江	临安县天目山	1505.9	32.3	36.4	39.0
	杭州市	41.7	22.2	27.2	28.6
	平湖县乍浦	5.4	23.9	27.1	28.6
	慈溪市	7.1	22.1	27.1	28.6
	嵊泗	79.6	37.4	46.3	50.5
	嵊泗县嵊山	124.6	39.6	49.8	53.8
	舟山市	35.7	28.6	37.3	40.5
	金华市	62.6	20.3	24.0	25.6
	嵊县	104.3	20.3	25.7	28.7
	宁波市	4.2	22.1	28.6	31.3
	象山县石浦	128.4	35.2	44.5	48.1
	衢州市	66.9	20.3	24.0	25.6
	丽水市	60.8	18.1	22.2	24.0

附表 A(续)

省市名	地　　名	海拔高度(m)	风速(m/s)		
			1/10	1/50	1/100
浙江	龙泉	198.4	18.3	22.4	24.1
	临海市括苍山	1383.1	33.5	41.1	44.4
	温州市	6.0	23.9	31.3	33.8
	椒江市洪家	1.3	23.9	30.0	32.6
	椒江市下大陈	86.2	38.5	48.0	52.1
	玉环县坎门	95.9	34.0	44.5	48.9
	瑞安市北麂	42.3	39.5	51.2	55.8
安徽	合肥市	27.9	20.2	23.9	25.6
	砀山	43.2	20.2	24.0	25.6
	亳州市	37.7	20.2	27.2	30.0
	宿县	25.9	20.2	25.6	28.6
	寿县	22.7	20.2	23.9	25.6
	蚌埠市	18.7	20.2	23.9	25.6
	滁县	25.3	20.2	23.9	25.6
	六安市	60.5	18.1	24.0	25.6
	霍山	68.1	18.1	24.0	25.6
	巢县	22.4	20.2	23.9	25.6
	安庆市	19.8	20.2	25.6	27.1
	宁国	89.4	20.3	24.0	25.7
	黄山	1840.4	31.3	37.1	39.6
	黄山市	142.7	20.3	24.1	25.7
江西	南昌市	46.7	20.3	25.1	27.2
	修水	146.8	18.2	22.3	24.1
	宜春市	131.3	18.2	22.3	24.1
	吉安	76.4	20.3	22.2	24.0
	宁冈	263.1	18.3	22.4	24.2
	遂川	126.1	18.2	22.3	24.1
	赣州市	123.8	18.2	22.3	24.1
	九江	36.1	20.2	23.9	25.6
	庐山	1164.5	27.1	31.8	33.2
	广昌	143.8	18.2	22.3	24.1
	波阳	40.1	20.2	25.6	27.2
	景德镇市	61.5	20.3	24.0	25.6
	樟树市	30.4	18.1	22.2	23.9
	贵溪	51.2	18.1	22.2	24.0
	玉山	116.3	18.2	22.3	24.0
	南城	80.8	20.3	22.2	24.0
	寻乌	303.9	20.5	22.5	24.3

附表 A(续)

省市名	地　　名	海拔高度(m)	风速(m/s)		
			1/10	1/50	1/100
福建	福州市	83.8	25.7	33.9	37.4
	厦门市	139.4	28.8	36.4	39.7
	邵武市	191.5	18.2	22.3	24.1
	铅山县七仙山	1401.9	32.1	36.3	38.8
	浦城	276.9	18.3	22.4	24.2
	建阳	196.9	20.4	24.1	25.8
	建瓯	154.9	20.4	24.1	25.8
	福鼎	36.2	23.9	33.9	38.4
	泰宁	342.9	18.4	22.5	24.3
	南平市	125.6	18.2	24.1	27.3
	福鼎县台山	106.6	35.2	40.6	42.6
	长汀	310.0	18.4	24.3	26.0
	上杭	197.9	20.4	22.4	24.1
	永安市	206.0	20.4	25.8	27.4
	龙岩市	342.3	18.4	24.3	26.0
	德化县九仙山	1653.5	34.0	39.3	41.6
	屏南	896.5	18.9	23.1	25.0
	平潭	32.4	35.0	46.1	51.2
	崇武	21.8	30.0	36.2	38.4
	东山	53.3	36.2	45.3	48.8
陕西	西安市	397.5	20.6	24.4	26.1
	榆林市	1057.5	21.3	26.9	28.6
	吴旗	1272.6	21.5	27.2	30.4
	横山	1111.0	23.4	27.0	28.7
	绥德	929.7	23.2	26.8	28.4
	延安市	957.8	21.2	25.1	26.8
	长武	1206.5	19.2	23.5	25.4
	洛川	1158.3	21.4	25.3	27.1
	铜川市	978.9	19.0	25.1	26.8
	宝鸡市	612.4	18.6	24.6	26.3
	武功	447.8	18.5	24.4	26.1
	华阴县华山	2064.9	28.3	31.7	33.2
	略阳	794.2	21.0	24.9	26.6
	汉中市	508.4	18.5	22.7	24.5
	佛坪	1087.7	21.3	23.4	25.2
	商州市	742.2	21.0	23.0	26.5
	镇安	693.7	18.7	22.9	24.7
	石泉	484.9	18.5	22.7	24.5
	安康市	290.8	22.5	27.5	29.0

附表 A(续)

省市名	地　　名	海拔高度(m)	风速(m/s)		
			1/10	1/50	1/100
甘肃	兰州市	1517.2	19.5	23.9	25.8
	吉坷德	966.5	28.4	31.4	32.8
	安西	1170.8	27.1	31.8	33.2
	临夏市	1917.0	19.9	24.4	26.3
	酒泉市	1477.2	27.5	32.3	33.7
	张掖市	1482.7	243.8	30.8	33.7
	武威市	1530.9	25.8	32.3	35.2
	民勤	1367.0	27.4	30.6	32.1
	乌鞘岭	3045.1	27.8	29.8	31.6
	景泰	1630.5	21.9	27.7	29.4
	靖远	1398.2	19.4	23.7	25.6
	临洮	1886.6	19.9	24.3	26.3
	华家岭	2450.6	25.0	28.9	30.6
	环县	1255.6	19.2	23.6	25.5
	平凉市	1346.5	21.6	23.7	25.6
	西峰镇	1421.0	19.4	23.8	25.7
	玛曲	3471.4	24.1	26.3	28.4
	夏河县合作	2910.0	23.4	25.6	27.6
	武都	1079.1	21.3	25.2	27.0
	天水市	1141.7	19.1	25.3	27.1
宁夏	银川市	1111.4	27.0	34.4	37.0
	惠农	1091.0	28.6	34.4	35.7
	中卫	1225.7	23.5	28.8	30.4
	中宁	1183.3	23.5	25.4	27.1
	盐池	1347.8	23.7	27.3	29.0
	海源	1854.2	22.2	24.3	26.2
	同心	1343.9	19.3	23.7	25.6
	固原	1753.0	22.1	26.1	27.9
	西吉	1916.5	19.9	24.4	26.3
青海	西宁市	2261.2	22.6	26.8	28.6
	茫崖	3138.5	25.9	30.0	31.8
	冷湖	2733.0	29.3	34.4	35.9
	祁连县托勒	3367.0	26.2	30.2	32.1
	祁连县野牛沟	3180.0	25.9	30.0	31.8
	祁连	2787.4	25.4	27.5	29.4
	格尔木市小灶火	2767.0	25.4	29.3	31.1
	大柴旦	3173.2	25.9	29.9	31.8

附表 A(续)

省市名	地　　名	海拔高度(m)	风速(m/s)		
			1/10	1/50	1/100
青海	德令哈市	2981.5	23.5	27.7	29.7
	刚察	3301.5	23.8	28.2	30.1
	门源	2850.0	23.3	27.6	29.5
	格尔木市	2807.6	25.5	29.4	31.2
	都兰县诺木洪	2790.4	27.5	32.8	36.0
	都兰	3191.1	26.0	31.8	35.1
	乌兰县茶卡	3087.6	23.6	27.9	29.8
	共和县恰卜恰	2835.0	23.3	27.5	29.4
	贵德	2237.1	22.6	24.8	26.7
	民和	1813.9	19.8	24.2	26.2
	唐古拉山五道梁	4612.2	30.1	34.1	36.0
	兴海	3323.2	23.9	28.2	30.2
	同德	3289.4	23.8	26.1	28.2
	格尔木市托托河	4533.1	32.1	35.8	37.6
	治多	4179.0	24.9	27.3	29.5
	杂多	4066.4	24.8	29.3	31.3
	泽库	3662.8	24.3	26.6	28.7
	曲麻莱	4231.2	25.0	29.5	31.6
	玉树	3681.2	21.7	26.6	28.7
	玛多	4272.3	27.4	31.6	33.6
	称多县清水河	4415.4	25.5	27.6	29.8
	玛沁县仁峡姆	4211.1	27.3	29.5	31.5
	达日县吉迈	3967.5	24.6	29.1	31.2
	河南	3500.0	24.1	30.4	32.3
	久治	3628.5	21.7	26.5	32.5
	昂欠	3643.7	24.2	26.6	28.7
	班玛	3750.0	21.8	26.7	28.8
新疆	乌鲁木齐市	917.9	26.8	32.8	35.4
	乌鲁木齐县达板城	1103.5	31.7	38.2	40.5
	阿勒泰市	735.3	26.5	35.1	38.6
	博乐市阿拉山口	284.8	39.9	47.6	51.0
	克拉玛依市	427.3	33.3	39.2	41.3
	伊宁市	662.5	26.4	32.4	34.9
	昭苏	1851.0	22.0	28.0	29.7
	和静县巴音布鲁克	2458.0	22.8	27.0	28.9
	吐鲁番市	34.5	28.6	37.3	40.5
	阿克苏市	1103.8	23.4	28.6	30.2
	库车	1099.0	25.3	30.2	33.1

附表 A(续)

省市名	地　　名	海拔高度(m)	风速(m/s)		
			1/10	1/50	1/100
新疆	库尔勒市	931.5	23.2	28.4	29.9
	乌恰	2175.7	22.5	26.7	28.5
	喀什市	1288.7	25.5	32.0	34.7
	阿合奇	1984.9	22.3	26.4	28.2
	皮山	1375.4	19.4	23.7	25.6
	和田	1374.6	21.6	27.4	29.0
	民丰	1409.3	19.4	23.7	25.6
	民丰县安的河	1262.8	19.2	23.6	25.5
	于田	1422.0	19.4	23.8	25.7
	哈密	737.2	23.0	29.6	32.5
河南	郑州市	110.4	23.3	27.3	28.7
	安阳市	75.5	20.3	27.2	30.1
	新乡市	72.7	22.2	25.6	27.2
	三门峡市	410.1	20.6	26.1	27.7
	卢氏	568.8	18.6	22.8	24.6
	孟津	323.3	22.5	26.0	29.0
	洛阳市	137.1	20.3	25.7	27.3
	栾川	750.1	18.8	23.0	24.8
	许昌市	66.8	22.2	25.6	27.2
	开封市	72.5	22.2	27.2	28.7
	西峡	250.3	20.5	24.2	25.9
	南阳市	129.2	20.3	24.1	25.7
	宝丰	136.4	20.3	24.1	25.7
	西华	52.6	20.3	27.2	30.0
	驻马店市	82.7	20.3	25.7	27.2
	信阳市	114.5	20.3	24.0	25.7
	商丘市	50.1	18.1	24.0	25.6
	固始	57.1	18.1	24.0	25.6
湖北	武汉市	23.3	20.2	23.9	25.6
	郧县	201.9	18.3	22.4	24.1
	房县	434.4	18.5	22.6	24.4
	老河口市	90.0	18.2	22.2	24.0
	枣阳市	125.5	20.3	25.7	27.3
	巴东	294.5	15.9	22.5	24.3
	钟祥	65.8	18.1	22.2	24.0
	麻城市	59.3	18.1	24.0	27.2
	恩施市	457.1	18.5	22.6	24.5
	巴东县绿葱坡	1819.3	24.2	26.2	28.0

附表 A(续)

省市名	地　　名	海拔高度(m)	风速(m/s)		
			1/10	1/50	1/100
湖北	五峰县	908.4	18.9	23.2	25.0
	宜昌市	133.1	18.2	22.3	24.1
	江陵县荆州	32.6	18.1	22.2	23.9
	天门市	34.1	18.1	22.2	23.9
	来凤	459.5	18.5	22.6	24.5
	嘉鱼	36.0	18.1	23.9	27.2
	英山	123.8	18.2	22.3	24.1
	黄石市	19.6	20.2	23.9	25.6
湖南	长沙市	44.9	20.2	24.0	25.6
	桑植	322.2	18.4	22.5	24.3
	石门	116.9	20.3	22.3	24.0
	南县	36.0	20.2	25.6	28.6
	岳阳市	53.0	20.3	25.6	27.2
	吉首市	206.6	18.3	22.4	24.2
	沅陵	151.6	18.2	22.3	24.1
	常德市	35.0	20.2	25.6	28.6
	安化	128.3	18.2	22.3	24.1
	沅江市	36.0	20.2	25.6	27.2
	平江	106.3	18.2	22.2	24.0
	芷江	272.2	18.3	22.4	24.2
	邵阳市	248.6	18.3	22.4	24.2
	双峰	100.0	18.2	22.2	24.0
	南岳	1265.9	33.3	37.3	39.7
	通道	397.5	20.6	22.6	24.4
	武岗	341.0	18.4	22.5	24.3
	零陵	172.6	20.4	25.8	27.3
	衡阳市	103.2	20.3	25.7	27.2
	道县	192.2	20.4	24.1	25.8
	郴州市	184.9	18.2	22.3	24.1
广东	广州市	6.6	22.1	28.6	31.3
	深圳市	18.2	27.1	35.0	38.4
	汕头市	1.1	28.6	36.1	39.4
	汕尾	4.6	28.6	37.3	41.4
	湛江市	25.3	28.6	36.2	39.4
	南雄	133.8	18.2	22.3	24.1
	连县	97.6	18.2	22.2	24.0
	韶关	69.3	18.1	24.0	27.2
	佛岗	67.8	18.1	22.2	24.0

附表 A(续)

省市名	地　　名	海拔高度(m)	风速(m/s)		
			1/10	1/50	1/100
广东	连平	214.5	18.3	22.4	24.2
	台山	32.7	23.9	30.0	32.6
	梅县	87.8	18.1	22.2	24.0
	广宁	56.8	18.1	22.2	24.0
	高要	7.1	22.1	28.6	31.3
	河源	40.6	18.1	22.2	24.0
	惠阳	22.4	23.9	30.0	31.3
	五华	120.9	18.2	22.3	24.0
	惠来	12.9	27.1	35.0	38.4
	南澳	7.2	28.6	36.2	39.4
	信宜	84.6	24.0	31.4	33.9
	罗定	53.3	18.1	22.2	24.0
	阳江	23.3	27.1	33.8	35.0
	电白	11.8	27.1	33.8	36.2
	台山县上川岛	21.5	35.0	41.4	44.3
	徐闻	67.9	27.2	35.1	38.5
广西	南宁市	73.1	20.3	24.0	25.6
	桂林市	164.4	18.2	22.3	24.1
	柳州市	96.8	18.2	22.2	24.0
	蒙山	145.7	18.2	22.3	24.1
	贺山	108.8	18.2	22.3	24.0
	百色市	173.5	20.4	27.3	30.2
	靖西	739.4	18.8	23.0	24.8
	桂平	42.5	18.1	22.2	24.0
	梧州市	114.8	18.2	22.3	24.0
	龙州	128.8	18.2	22.3	24.1
	灵山	66.0	18.1	22.2	24.0
	玉林	81.8	18.1	22.2	24.0
	东兴	18.2	27.1	35.0	38.4
	北海市	15.3	25.6	33.8	36.2
	涠州岛	55.2	33.9	40.5	43.5
海南	海口市	14.1	27.1	35.0	38.4
	东方	8.4	30.0	37.3	40.4
	儋县	168.7	25.8	34.1	37.6
	琼中	250.9	22.4	27.4	30.3
	琼海	24.0	27.1	35.0	38.4
	三亚市	5.5	28.6	37.3	41.4
	陵水	13.9	28.6	37.3	41.4
	西沙岛	4.7	41.4	54.2	59.9
	珊瑚岛	4.0	33.8	42.4	46.1

附表 A(续)

省市名	地　　名	海拔高度(m)	风速(m/s)		
			1/10	1/50	1/100
四川	成都市	506.1	18.5	22.7	24.5
	石渠	4200.0	24.9	27.3	29.5
	若尔盖	3439.6	24.0	26.3	28.4
	甘孜	3393.5	23.9	26.2	28.3
	都江堰市	706.7	18.7	22.9	24.8
	绵阳市	470.8	18.5	22.7	24.5
	雅安市	627.6	18.6	22.8	24.7
	资阳	357.0	18.4	22.5	24.3
	康定	2615.7	25.2	27.2	29.1
	汉源	795.9	18.8	23.0	24.9
	九龙	2987.3	21.0	25.7	27.8
	越西	1659.0	22.0	24.0	26.0
	昭觉	2132.4	22.5	24.6	26.6
	雷波	1474.9	19.5	23.8	25.7
	宜宾市	340.8	18.4	22.5	24.3
	盐源	2545.0	20.5	25.1	27.1
	西昌市	1590.9	19.6	24.0	25.9
	会理	1787.1	19.8	24.2	26.1
	万源	674.0	18.7	22.9	24.7
	阆中	382.6	18.4	22.6	24.4
	巴中	358.9	18.4	22.5	24.3
	达县布	310.4	18.4	24.3	27.5
	遂宁市	278.2	18.3	22.4	24.2
	南充市	309.3	18.4	22.5	24.3
	内江市	347.1	20.6	26.0	29.1
	泸州市	334.8	18.4	22.5	34.3
	叙永	377.5	18.4	22.6	24.4
贵州	贵阳市	1074.3	19.1	23.4	25.2
	威宁	2237.5	22.6	26.7	28.6
	盘县	1515.2	21.8	25.8	27.6
	桐梓	972.0	69.0	23.2	25.1
	习水	1180.2	19.2	23.5	25.4
	毕节	1510.6	19.5	23.9	25.8
	遵义市	843.9	18.8	23.1	24.9
	思南	416.3	18.5	22.6	24.4
	铜仁	279.7	18.3	22.4	24.2

附表 A(续)

省市名	地　　名	海拔高度(m)	风速(m/s)		
			1/10	1/50	1/100
贵州	安顺市	1392.9	14.4	23.7	25.6
	凯里市	720.3	18.7	22.9	24.8
	兴仁	1378.5	19.4	23.7	25.6
	罗甸	440.3	18.5	22.6	24.4
	德钦	3485.0	24.0	28.5	30.4
云南	昆明市	1891.4	19.9	24.3	26.3
	贡山	1591.3	19.6	24.0	25.9
	中甸	3276.1	21.3	26.1	28.2
	维西	2325.6	20.3	24.9	26.9
	昭通市	1949.5	22.3	26.4	28.2
	丽江	2393.2	22.8	24.9	26.9
	华坪	1244.8	21.5	25.4	27.2
	会泽	2109.5	22.5	26.6	28.4
	腾冲	1654.6	19.6	24.0	26.0
	泸水	1804.9	19.8	24.2	26.2
	保山市	1653.8	19.6	24.0	26.0
	大理市	1990.5	29.9	36.0	38.7
	元谋	1120.2	21.4	25.3	27.0
	楚雄市	1772.0	19.7	26.1	27.9
	曲靖市沾益	1898.7	22.2	24.3	26.3
	瑞丽	776.6	18.8	23.0	24.9
	江城	1119.5	19.1	27.0	30.2
	景东	1162.3	19.2	23.5	25.3
	玉溪	1636.7	19.6	24.0	25.9
	宜良	1532.1	21.8	27.6	30.8
	泸西	1704.3	22.0	24.1	26.0
	孟定	511.4	20.7	26.2	27.8
	临沧	1502.4	19.5	23.9	25.8
	澜沧	1054.8	19.0	23.3	25.2
	景洪	552.7	18.6	26.3	29.4
	思茅	1302.1	21.6	28.9	32.0
	元江	400.9	20.6	22.6	24.4
	勐腊	631.9	18.7	22.8	24.7
	蒙自	1300.7	21.6	23.6	25.5
	屏边	1414.1	19.4	23.8	25.7
	文山	1271.6	19.3	23.6	25.5
	广南	1249.6	21.5	25.4	27.2

附表 A(续)

省市名	地　　名	海拔高度(m)	风速(m/s)		
			1/10	1/50	1/100
西藏	班戈	4700.0	30.2	37.9	41.2
	安多	4800.0	34.5	44.5	48.7
	那曲	4507.0	27.7	34.0	35.8
	日喀则市	3836.0	21.9	26.8	29.0
	拉萨市	3658.0	21.7	26.6	28.7
	乃东县泽当	3551.7	21.6	26.4	28.5
	隆子	3860.0	26.8	32.9	34.7
	索县	4022.8	24.7	31.2	33.1
	昌都	3306.0	21.3	26.1	28.2
	林芝	3000.0	23.5	27.8	29.7
台湾	台北	8.0	25.6	33.8	37.3
	新竹	8.0	28.6	36.2	39.4
	宜兰	9.0	42.4	55.0	61.3
	台中	78.0	28.7	36.3	38.5
	花莲	14.0	25.6	33.8	37.3
	嘉义	20.0	28.6	36.2	39.4
	马公	22.0	37.3	46.1	50.4
	台东	10.0	32.6	38.4	41.4
	冈山	10.0	30.0	36.2	39.4
	恒春	24.0	33.8	41.5	44.3
	阿里山	2406.0	22.8	27.0	28.8
	台南	14.0	31.3	37.3	40.4
香港	香港	50.0	35.8	38.4	39.5
	横栏岛	55.0	39.3	45.3	47.9
澳门		57.0	35.1	37.4	38.4

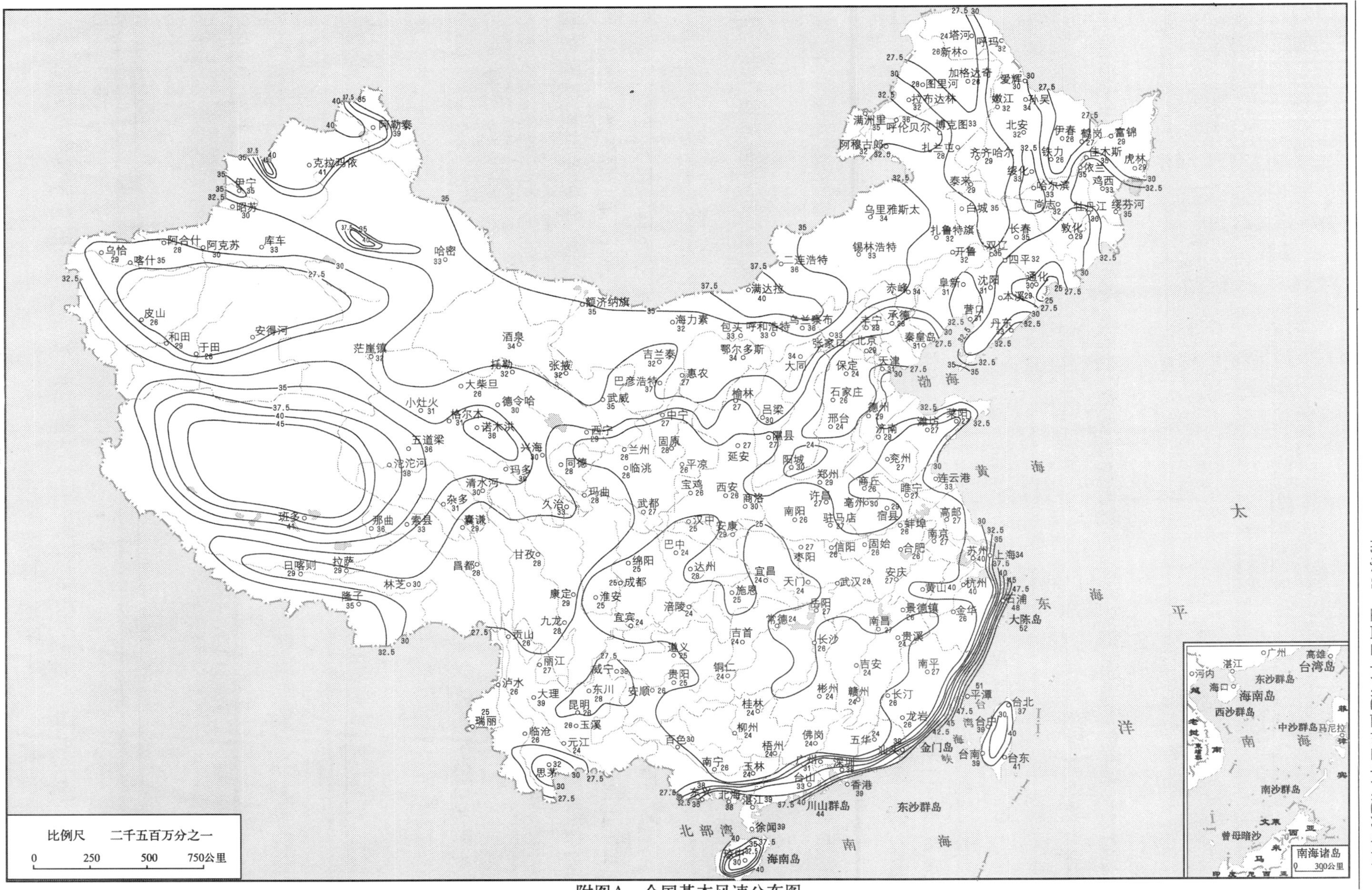

附图A　全国基本风速分布图

附录 B 风洞试验要求

B.1 一般规定

B.1.1 桥梁的风洞试验主要有静力三分力试验、节段模型试验、桥塔模型试验和全桥气动弹性模型试验。

B.1.2 桥梁风洞试验宜在大气边界层风洞中进行。

B.1.3 桥梁模型应设置在风洞试验段的有效试验区内,在沿风洞轴线方向模型长度的中心断面上测量,空风洞应具备以下流场特性:

1 在常用试验风速下,风速分布相对于平均风速的偏差不宜大于2%。

2 气流方向与风洞轴线方向的夹角宜满足:俯仰角$|\alpha|\leqslant 0.5°$,偏航角$|\beta|\leqslant 1.0°$。

3 在常用试验风速下,紊流强度宜小于2%。

4 从风洞轴线方向模型长度的中心断面,风洞试验段的进口及出口方向各1m范围内,风速的轴向静压梯度不宜大于0.01/m。

B.1.4 进行模拟自然风特性条件下的风洞试验时,如果桥位处具有风速观测资料,应按基于此风速资料得到的该处平均风速沿竖直方向的变化(风速剖面)、风速的功率谱密度函数、风速的紊流强度、风速的紊流尺度等进行风场模拟。当桥位处无风速观测资料时,可按以下原则进行风场模拟。

1 平均风速沿竖直方向的变化可按本规范第3.2.1条、第3.2.2条取值。地表粗糙度系数α的容许偏差为± 0.01。

2 脉动风速在水平方向及竖向的功率谱密度函数可分别按下式取值:

$$\frac{nS_u(n)}{u_*^2}=\frac{200f}{(1+50f)^{5/3}} \tag{B.1.4-1}$$

$$\frac{nS_w(n)}{u_*^2}=\frac{6f}{(1+4f)^2} \tag{B.1.4-2}$$

$$f=\frac{nZ}{V(Z)} \tag{B.1.4-3}$$

$$u_*=\frac{KV(Z)}{\ln\dfrac{Z-z_d}{z_0}} \tag{B.1.4-4}$$

$$z_d=\overline{H}-z_0/K \tag{B.1.4-5}$$

式中 $S_u(n)$、$S_w(n)$——分别为脉动风的水平顺风向及竖直方向的功率谱密度函数;

n——风的脉动频率(Hz);

u_*——气流摩阻速度，亦称剪切速度(m/s)；

K——无量纲常数，$K \approx 0.4$；

Z——地面或水面以上的高度(m)；

$V(Z)$——高度 Z 处的平均风速(m/s)；

$\bar{H}$——周围建筑物平均高度(m)；

z_0——地面粗糙高度(m)，参见表 3.2.2。

3　风的主流在水平方向的紊流强度 I_u 的平均值可按附表 B.1.4-1 取值，与 I_u 方向垂直的水平及竖直方向的紊流强度 I_v、I_w 可分别取 $I_v = 0.88 I_u$，$I_w = 0.50\ I_u$。

紊流强度的变化范围可为 ±30%。

附表 B.1.4-1　紊 流 强 度 I_u

高度(m) \ 地表粗糙度类别	A	B	C	D
$10 < Z \leqslant 20$	0.14	0.17	0.25	0.29
$20 < Z \leqslant 30$	0.13	0.16	0.23	0.29
$30 < Z \leqslant 40$	0.12	0.15	0.21	0.28
$40 < Z \leqslant 50$	0.12	0.15	0.20	0.26
$50 < Z \leqslant 70$	0.11	0.14	0.18	0.24
$70 < Z \leqslant 100$	0.11	0.13	0.17	0.22
$100 < Z \leqslant 150$	0.10	0.12	0.16	0.19
$150 < Z \leqslant 200$	0.10	0.12	0.15	0.18

4　紊流尺度

风的主流水平方向及与其垂直的水平方向的脉动风速 u 的紊流尺度可按附表 B.1.4-2 取值。紊流尺度模拟作为参考。

附表 B.1.4-2　紊流尺度基准值

高度(m) \ 紊流尺度(m)	L_x^u	L_y^u	高度(m) \ 紊流尺度(m)	L_x^u	L_y^u
$Z \leqslant 10$	50	20	$50 < Z \leqslant 70$	120	60
$10 < Z \leqslant 20$	70	30	$70 < Z \leqslant 100$	140	70
$20 < Z \leqslant 30$	90	40	$100 < Z \leqslant 150$	160	80
$30 < Z \leqslant 40$	100	50	$150 < Z \leqslant 200$	180	90
$40 < Z \leqslant 50$	110	50			

B.1.5 桥梁风洞试验模型宜满足附表 B.1.5 的规定。

附表 B.1.5 桥梁风洞试验的模型要求

模型要求＼试验种类	静力三分力试验	主梁节段模型试验	桥塔模型试验	全桥气动弹性模型试验
模型类别	刚性模型		刚性或弹性模型	弹性模型
模型缩尺	不小于 1/100		不小于 1/300	桁架加劲梁桥宜不小于 1/100;箱型梁桥宜不小于 1/300
模型宽度/有效试验区高度	闭口试验段:≤0.4 开口试验段:≤0.2		(模型宽度指塔柱间隔)≤0.2	
模型高度/有效试验区高度			≤0.8	悬索桥、斜拉桥:≤0.9 其他桥:≤0.5
模型长度/有效试验区宽度				悬索桥、斜拉桥:≤0.9 其他桥:≤0.8
模型长度/模型宽度	闭口试验段:>2 开口试验段:>3			
风洞阻塞度	≤5%			

B.2 静力三分力试验

B.2.1 静力三分力试验的模型与实桥间应满足几何外形相似,并在模型两端设置端板或补偿模型。设置端板时,应考虑作用在端板上及模型支撑装置上的气动力修正。设置补偿模型时,补偿模型与测力模型的间隔不宜大于 1mm,且补偿模型应具有足够的长度,这时可只考虑作用在测力模型支撑装置上的气动力修正。

B.2.2 主梁静力三分力试验的攻角变化范围宜为 -10°~ +10°,攻角变化步长应取 1°。

B.2.3 主梁静力三分力试验可在均匀流场条件下进行,应选用两个不同风速进行试验。

B.3 节段模型试验

B.3.1 节段模型振动试验宜采用弹簧悬挂二元刚体节段模型装置,试验装置应保证主梁模型的二元流动特性。节段模型两端可设置二元端板。

B.3.2 模型与实桥间须满足几何外形相似及以下参数的一致性条件:

弹性参数　　$\frac{m}{\rho b^2}$，$\frac{I_m}{\rho b^4}$

惯性参数　　$\frac{V}{f_b b}$，$\frac{V}{f_t b}$

阻尼参数　　ζ_s

对于悬索桥和斜拉桥，m、I_m 应取为计入全桥共同作用的等效质量和等效质量惯性矩。

B.3.3　试验应根据测试目的分别在均匀流场和紊流场中进行。在紊流场中的试验宜满足紊流强度的相似条件。

B.3.4　应通过检验手段，确认试验条件符合附表 B.3.4 的要求。

附表 B.3.4　节段模型参数允许偏差

参　　数	质　　量	质量惯性矩	频　　率	阻 尼 值
偏差允许值	±3%	±3%	±3%	±10%

B.3.5　试验攻角宜在 $-3° \sim +3°$范围内。

B.4　桥塔模型试验

B.4.1　可采用桥塔整体弹性模型或弹性支承刚体桥塔模型进行试验。采用弹性支承刚体模型时，应对试验结果进行振型修正。

B.4.2　模型与实桥间须满足几何外形相似及以下参数的一致性条件：

1　整体弹性模型　　$\frac{\rho_s}{\rho}$，$\frac{EI}{\rho V^2 D^4}$，ζ_s

2　弹性支承刚体模型　　$\frac{I_t}{\rho D^5}$，$\frac{V}{f_b D}$，ζ_s

式中　I_t——桥塔绕塔底支承点的质量惯性矩（$kg \cdot m^2$）；

D——塔柱断面的特征尺度（m）；

ρ_s——结构物重力密度（kg/m^3）。

B.4.3　试验宜分别在均匀流场和模拟自然风的紊流场中进行。

B.4.4　应通过检验手段，确认试验条件符合附表 B.4.4 的要求。

附表 B.4.4　桥塔模型参数的允许偏差

参　　数	质　　量	质量惯性矩	刚　　度	频　　率
偏差允许值	±3%	±3%	±3%	±5%

B.5 全桥气动弹性模型试验

B.5.1 模型与实桥间应满足几何外形相似及附表 B.5.1 给出的基于模型几何缩尺 n 和风速比 m 的相似系数。

桥梁结构或构件具有近流线形及圆形断面时,还应考虑雷诺数的影响。

附表 B.5.1 全桥气动弹性模型的相似系数

参数名称	相似系数	缩尺比	
		悬索桥全桥模型、斜拉桥全桥模型[②]	梁式、拱式桥全桥模型
长度	$C_L = L_m/L_p$[①]	$1/n$	$1/n$
时间	$C_t = t_m/t_p$	$1/\sqrt{n}$	m/n
风速	$C_U = U_m/U_p$	$1/\sqrt{n}$	$1/m$[③]
频率	$C_f = f_m/f_p$	$\sqrt{n}$	n/m
密度	$C_\rho = \rho_m/\rho_p$	1	1
单位长度质量	$C_M = M_m/M_p$	$1/n^2$	$1/n^2$
单位长度质量惯性矩	$C_I = I_m/I_p$	$1/n^4$	$1/n^4$
张力	$C_H = H_m/H_p$	$1/n^3$	$1/n^3$
拉伸刚度	$C_{EF} = (EF)_m/(EF)_p$	$1/n^3$	$1/m^2n^2$
弯曲刚度	$C_{EI} = (EI)_m/(EI)_p$	$1/n^5$	$1/m^2n^4$
自由扭转刚度	$C_{GId} = (GI_d)_m/(GI_d)_p$	$1/n^5$	$1/m^2n^4$
约束扭转刚度	$C_{EIm} = (EI_\infty)_m/(EI_\infty)_p$	$1/n^7$	$1/m^2n^6$
结构阻尼(对数衰减率)	$C_\delta = \delta_m/\delta_p$	1	1

注:(1)相似系数下标 m 和 p 分别代表模型和实桥。

(2)不考虑拉索的振动特性影响时可采用右栏。

(3)m 值可在符合风洞条件的可能范围内选取。

B.5.2 试验应分别在均匀流场及模拟自然风特性的紊流场中进行。紊流风场应符合本规范第 B.1.4 条规定。地形复杂时应考虑地形影响或进行地形模拟。

B.5.3 应通过检验手段,确认试验条件符合附表 B.5.3 的要求。

附表 B.5.3 全桥气动弹性模型试验参数的允许偏差

参数	质量	质量惯性矩	刚度	频率	阻尼值
偏差允许值	±3%	±3%	±4%	±5%	±30%

注:表中频率和阻尼值是指低阶模态对应的频率和阻尼。

B.5.4 试验攻角一般为0°。均匀流场或特殊地形条件试验时,如必要可考虑增加±3°。

本规范用词用语说明

1 为了便于在执行本规范条文时区别对待,对要求严格程度不同的用词说明如下:

1)表示很严格,非这样做不可的用词:
正面词采用“必须”;反面词采用“严禁”。
2)表示严格,在正常情况下均应这样做的用词;
正面词采用“应”;反面词采用“不应”或“不得”。
3)表示允许稍有选择,在条件允许时首先这样做的用词:
正面词采用“宜”;反面词采用“不宜”。
表示有选择,在一定条件下可以选择做的,采用“可”。

2 规范中指定应按其他有关标准、规范执行时,写法为“应按……执行”或“应符合……要求或规定”。非必须按指定的标准、规范的规定执行时,写法为“可参照……”。

附件

公路桥梁抗风设计规范

（JTG/T D60-01—2004）

条文说明

目次

1 总则

1.0.1 20世纪80年代以来，我国建成了或正在建设或拟建一批特大跨径的桥梁，由于这些特大桥明显具有大、轻、柔的特点，对风的作用十分敏感，风荷载已成为支配性的荷载，甚至控制大桥主梁断面的选择和桥型的选择。与此同时，我国在桥梁抗风研究方面取得了突出的成绩，建成了大大小小十几个风洞试验室，积累了许许多多的理论研究和试验研究成果，为特大跨径桥梁的建设作出了贡献。

风对桥梁的作用包括风荷载的静力作用和风引起的桥梁振动两个方面，《公路桥涵设计通用规范》(JTG D60)虽有静风荷载方面的规定条款，但不够完善，且不完全适用于大跨径桥梁，而有关桥梁的动力抗风设计尚属空白。1995年，在项海帆院士的积极倡议和组织下，中交公路规划设计院和同济大学从事抗风研究的专家联合制订并出版了《公路桥梁抗风设计指南》(以下简称《指南》)。之后数年，《指南》在指导我国特大跨径桥梁的抗风设计中起到了巨大的作用，但为了将近年来在特大跨径桥梁抗风设计、研究及风洞试验的最新成果更好地应用于桥梁的抗风设计，特编制本规范。

1.0.2 本规范的主要适用对象是悬索桥和斜拉桥，当斜拉桥的跨径在800m以下、悬索桥的跨径在1500m以下时，已积累了许多抗风设计的理论、试验和实践经验，但当结构的跨径超过上述范围时，虽世界上有日本的明石海峡大桥、多多罗大桥等大桥的建成经验，但由于其建成时间较短，大桥的数量偏少，还不足以说明许多特有的问题，对这些特大跨径的桥梁，还有许多问题需要通过仔细的专题研究才可能针对性地解决。

根据实践经验，对于跨径在150m以下的各类公路桥梁，由于结构的刚度较大，风致振动很小，与静风荷载相比，动力风荷载是次要的，采用短时距的阵风风速进行静力抗风设计已能满足桥梁在风作用下的抗风设计要求，因而可不进行复杂的风致振动的分析和动力抗风设计。

1.0.3 桥梁设计的基本目的是要保证结构的安全、可靠，保证结构应具有的强度、刚度、稳定性要求及其与之相关的诸如舒适性等要求，抗风设计也不例外。

风对桥梁的作用受到风的自然特性、结构的动力特性以及风与结构的相互作用三方面的制约。从工程的抗风角度，可以将自然风分解成不随时间变化的平均风和随时间变化的脉动风两部分的叠加，分别考虑它们对桥梁结构的作用。忽略平均风和脉动风所引起的风致振动之间的相互作用不会带来明显的分析误差，但可使分析简单可行。目前，在抖振分析中，已能考虑平均风所引起的气动阻尼的作用。

在平均风作用下，假定结构保持静止不动，或者虽有轻微振动，但不影响空气的作用力,即忽略气流绕过桥梁时所产生的特征紊流以及漩涡脱落等非定常(随时间变化的)效应,只考虑定常的空气作用力,称为风的静力作用。

桥梁作为一个振动体系在近地紊流风作用下的空气弹性动力响应可以分为两大类:一类是在风的作用下,由于结构振动对空气力的反馈作用,产生一种自激振动机制,如颤振和驰振达到临界状态时,将出现危险性的发散振动;另一类是在脉动风作用下的一种有限振幅的随机强迫振动,称为抖振。涡激共振虽带有自激的性质,但也是限幅的,因而具有双重性。

风对桥梁的作用的分类见表 1-1。

表 1-1　风对桥梁的作用的分类

<table>
<tr><th>分　类</th><th colspan="4">现　象</th><th>作用机制</th></tr>
<tr><td rowspan="3">静力作用</td><td colspan="4">静风载引起的内力和变形</td><td>平均风的静风压产生的阻力、升力和扭转力矩作用</td></tr>
<tr><td colspan="2" rowspan="2">静力不稳定</td><td colspan="2">扭转发散</td><td>静(扭转)力矩作用</td></tr>
<tr><td colspan="2">横向屈曲</td><td>静阻力作用</td></tr>
<tr><td rowspan="5">动力作用</td><td colspan="2">抖振(紊流风响应)</td><td colspan="2" rowspan="2">限幅振动</td><td>紊流风作用</td></tr>
<tr><td rowspan="4">自激振动</td><td>涡振</td><td>漩涡脱落引起的涡激力作用</td></tr>
<tr><td>驰振</td><td rowspan="2">单自由度</td><td rowspan="3">发散振动</td><td rowspan="2">自激力的气动负阻尼效应——阻尼振动</td></tr>
<tr><td>扭转颤振</td></tr>
<tr><td>古典耦合振动</td><td>二自由度</td><td>自激力的气动刚度驱动</td></tr>
</table>

由于自然风会引起风致振动,在桥梁抗风设计中首先要求发生危险性颤振或驰振的临界风速与桥梁的设计风速相比具有足够的安全度,以确保结构在各个阶段的抗风稳定性;同时要求把涡激共振和抖振的最大振幅限制在可接受的范围内,以免造成结构疲劳、人感不适以及行车不安全等问题。

若桥梁的最初设计方案不能满足抗风的要求,应通过修改设计或采取气动措施、结构措施或者机械措施等控制方法提高结构的抗风稳定性或减少风致振动的振幅。

在桥梁设计的不同阶段,可以根据不同的情况采用不同精度的抗风设计方法和风洞试验手段。对于一般的大桥,初步设计阶段的抗风分析可采用近似的公式对各方案的静风载内力和气动稳定性进行估算,待方案确定后再通过节段模型的风洞试验测定各种参数,进行抗风验算和各类风振分析。对于重要的桥梁,宜在初步设计阶段通过风洞试验进行气动选型,为确定主梁断面提供依据。在技术设计阶段对选定的断面方案进行详细的抗风验算和风振分析,并应通过必要的全桥气动弹性模型试验对分析结果予以确认。公路桥梁抗风设计的基本工作流程见图 1-1。

在进行公路桥梁抗风设计时,需掌握以下几个重要的因素,才能更好地分析和把握全局:

风特性参数。应通过调查和收集气象资料掌握桥址处的风特性,并采用正确的方法

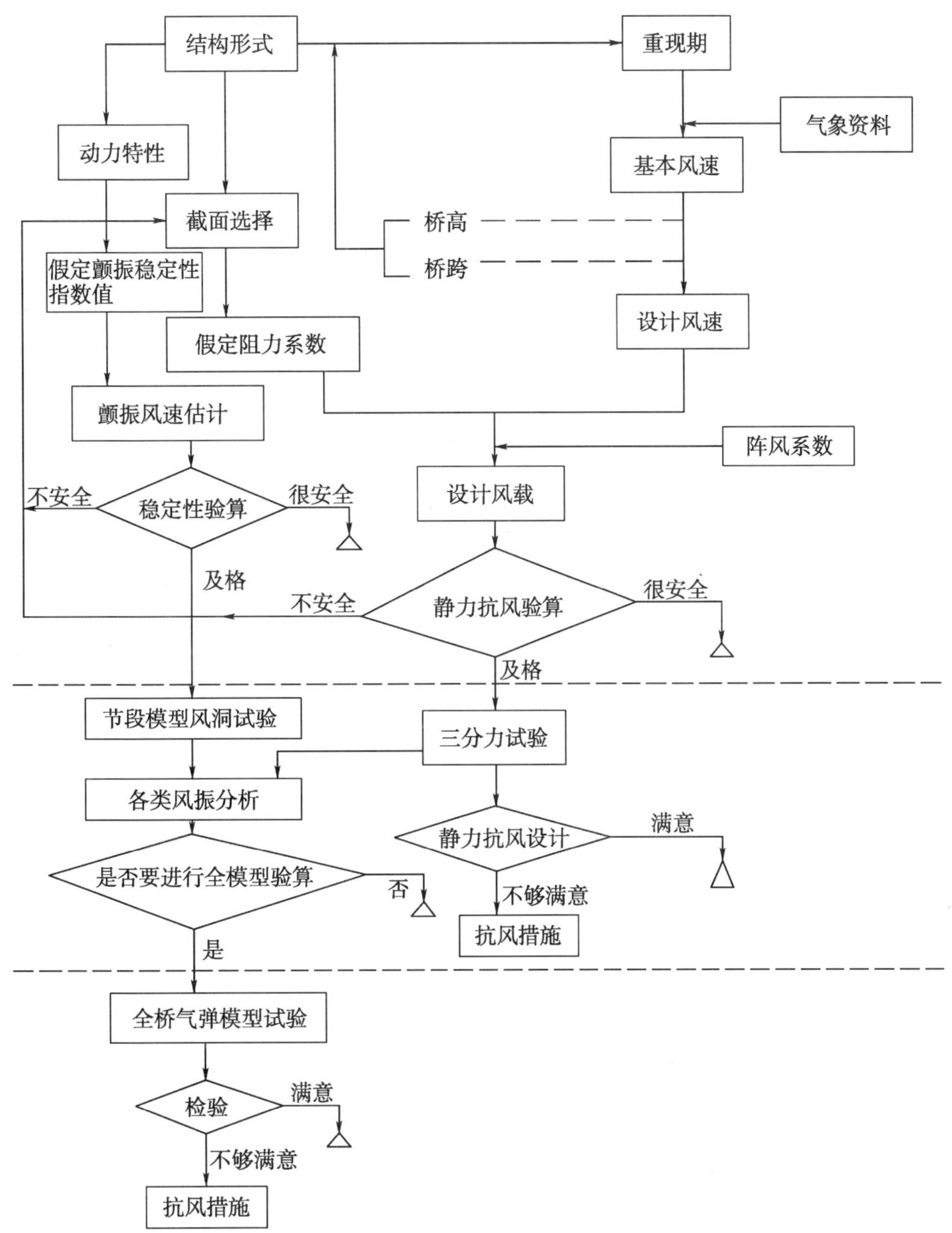

图 1-1　抗风设计流程

确定合理的参数供抗风设计使用。特别要注意桥址处特殊的地形、地貌和风向条件，以便对常规的取值进行必要的修正。

桥梁的动力特性。桥梁的动力特性分析是风振分析的基础，需采用合理的力学模型，并注意边界支承条件的正确处理。对计算结果要通过与相似桥梁的比较(最好有实测资料)检验其合理性和可靠性，其中特别是对于主梁前二阶对称和反对称的竖向弯曲、侧向弯曲和扭转振型要作出正确的判断。

颤振临界风速。颤振临界风速是桥梁发生发散性颤振的起始风速。当外界风速低于临界风速时，振动是衰减的。为了防止出现这种造成桥梁风毁的危险性振动现象，必须保证桥梁的颤振临界风速高于桥址处可能出现的设计基准风速并具有一定的安全度。

抖振响应。抖振是紊流风作用下的随机强迫振动。抖振响应的正确预测主要取决于桥梁的动力特性、主梁断面的气动特性和紊流风特性。

1.0.4 由于大气边界层的紊流风特性以及桥梁断面作为一种不规则钝体的气动特性具有相当的复杂性,目前还无法建立起能够完善地描述风和结构相互作用的解析模式,而只能通过半理论半实验或纯实验的途径寻求近似的解答。因此,风洞试验是桥梁抗风设计中必不可少的重要手段。通过试验可以直接给出桥梁断面的气动参数和临界风速,能够更可靠地指导桥梁的抗风设计。

2 术语和符号

本章仅将本规范出现的、人们比较生疏的术语和符号列出，有关桥梁专业性的术语，大家都比较熟悉，没有必要编入。术语的解释，其中有部分是国际公认的定义，但大部分则是概括性的涵义，并非国际或国家公认的定义。术语的英文名称不是标准化名称，仅供引用时参考。

3 风速计算

3.1 基本风速

3.1.1 风是空气的流动,有重量,也有速度,自然会对构造物产生一定的压力,包括静的压力和动的压力,压力对长、大、轻、柔结构可能会产生影响到结构安全度的振动,从而可能使结构发生毁坏、产生疲劳或过大的变形或内力,这是抗风设计所要关心的。为此,首先要求了解并掌握风的特性。风的特性主要有平均风随高度的变化规律、平均风速方向对水平面的倾角(攻角)、脉动风速的强度大小、周期成分、空间相关特性等。表 3-1 所列出的是平常在气象预报中风的等级的有关定义和分类标准,但它对抗风设计而言,太粗糙了。

一般而言,在离开地面 500 ~ 1000m 以上的高空,风速已几乎不受地表面情况的影响。在离地面 500m 以内的范围一般称之为大气边界层,其间风速受到地理位置、地形条件、地面粗糙程度、高度、温度变化等因素的影响而随时间、空间不断变化。抗风设计前需要由桥址处的风速观测数据推算和确定桥梁的设计风速。但在大多数情况下,桥址处没有或缺少足够的风速观测资料,无法直接推算桥梁的设计风速值,需要通过间接的风速资料确定桥梁的设计风速。最容易获得的是桥梁所在地区的气象台站的风速资料。从数理统计的角度看,当样本有了一定规模数量时,能较合理可靠地确定风速的概率分布类型。由于我国气象台站采用的风速观测仪和观测记录的具体方法演变多次,故在做统计分析前,要求对得到的风速数据进行风速观测仪高度修正、时距换算等工作,以便得到目前统一的风速标准值:开阔平坦地面 10m 高度处的 10min 平均风速。风速的统计分析,使用最多的概率分布曲线是皮尔逊 III 型和极值 I 型分布。我国过去年极值的统计分布沿用前苏联的标准,按皮尔逊 III 型曲线来拟合;在美国,早就采用极值 I 型或 II 型来分析气象极值问题。采用极值 I 型或 II 型分布曲线,主要是因为极值分布在理论上比较合理,而且在数学处理上也比较方便。《公路工程结构可靠度设计统一标准》(GB/T 50283)和《公路桥涵设计通用规范》(JTG D60)对风速、风压也采用极值 I 型分布曲线,但此处对此不作强行规定。

《公路桥涵设计通用规范》(JTJ 021—89)中的全国基本风压图是按重现期 100 年考虑的,为了保持标准的连续性和完整性,以及与国内外有关标准的可比性,本规范的附录 A 中的全国基本风速分布图也是按重现期 100 年绘制的。对于有不同抗风要求的结构,在计入重现期系数后,可以采用不同重现期下的风速值。同样,考虑到少数特别重要或对抗风有特殊要求的桥梁结构,其重现期也可由 100 年转为按 150 年考虑,其时,基本风速宜增大50%。

表3-1 风的等级表

风力等级	海面情况		海岸渔船征象	陆地地面物征象	相当风速		
	浪高(m)						
	一般	最高			km/h	n mile/h	m/s
0	—	—	静	静、烟直上	<1	<1	0~0.2
1	0.1	0.1	寻常渔船略觉摇晃	烟能表示风向,但风向标不能转动	1~5	1~3	0.3~1.5
2	0.2	0.3	渔船张帆时,可随风移行2~3km/h	人面感觉有风,树叶有微响,风向标能转动	6~11	4~6	1.6~3.3
3	0.6	1.0	渔船渐觉簸动,随风移行5~6km/h	树叶及微枝摇动不息,旌旗展开	12~19	7~10	3.4~5.4
4	1.0	1.5	渔船满帆时倾于一方	能吹起地面灰尘和纸张,树的小枝摇动	20~28	11~16	5.5~7.9
5	2.0	2.5	渔船缩帆(即收去帆之一部)	有叶的小树摇摆,内陆的水面有小波	29~38	17~21	8.0~10.7
6	3.0	4.0	渔船加倍缩帆,捕鱼须注意风险	大树枝摇动,电线呼呼有声,举伞困难	39~49	22~27	10.8~13.8
7	4.0	5.5	渔船停泊港中,在海中者下锚	全树摇动,迎风步行感觉不便	50~61	28~33	13.9~17.1
8	5.5	7.5	近港的渔船皆停留不出	微枝折毁,人向前行,感觉阻力甚大	62~74	34~40	17.2~20.7
9	7.0	10.0	汽船航行困难	烟囱顶部及平瓦移动,小屋有损	75~88	41~47	20.8~24.4
10	9.0	12.5	汽船航行颇危险	陆上少见,见时可使树木拔起或将建筑物吹毁	89~102	48~55	24.5~28.4
11	11.5	16.0	汽船遇之极危险	陆上少见,有时必有重大损毁	103~117	56~63	28.5~32.6
12	14.0	—	海浪滔天	陆上绝见,其摧毁力极大	>117	>63	>32.6

3.1.2 本次规范编制,以我国657个基本台站1961年至1995年间自己记录的风速资料,以极值I型分布曲线进行拟合,将基准高度由20m高改为10m高,并考虑100年重现期,得到相应各气象台站百年一遇的最大风速值。同时考虑到标准中风压取值的历史延续性,对得到的结果作了适当的调整,以不致产生过大的波动,对其部分计算结果参照周围台站的情况予以适当的修正。

3.2 设计基准风速

3.2.1 风的竖直变化无论理论分析还是实际观测的结果,都是十分复杂的,它既受动力因素(如地面粗糙程度)的影响,又受热力因素(如大气的稳定度)的影响,至今尚不能完善地解决。目前,工程上普遍采用的风速随高度变化的公式是对数律公式或指数律公式,均是在中性大气稳定度条件下一种描述无热力影响的平均轮廓线公式。

1 对数律公式

$$V_{Z2} = V_{Z1}\frac{\ln(Z_2/z_0)}{\ln(Z_1/z_0)} \tag{3-1}$$

式中 V_{Z1}、V_{Z2}——Z_1 高度和 Z_2 高度处的风速(m/s);

z_0——地表粗糙高度(m)。

2 指数律公式

$$V_{Z2} = V_{Z1}\left(\frac{Z_2}{Z_1}\right)^{\alpha} \tag{3-2}$$

式中 α——粗糙度系数。

出于使用上的方便,目前大部分国家的规范均倾向采用指数律来描述风速度剖面,即统一以粗糙度系数 α 来区分地表分类。

3.2.2 在大气边界层内,风速随离地面高度而增大。风速随高度增大的规律,主要取决于地面粗糙度和温度垂直梯度。通常认为在离地面高度为 300 ~ 500m 时,风速不再受地面粗糙度的影响,也即达到所谓“梯度风速”,该高度称之为“梯度风高度”。地面粗糙等级低的地区,其梯度风高度比等级高的地区为低。

《建筑结构荷载规范》曾将地面粗糙度类别划分为三类,新修订的规范已改为四类。日本《道路桥耐风设计便览》将地面粗糙度等级划分为四类:

A 类:海上、海岸;

B 类:农地、田园、平坦开阔地;树木及低层建筑物稀少地区;

C 类:树木及低层建筑物等密集地区;中、高层建筑物稀少地区;平坦的丘陵地;

D 类:中、高层建筑物密集地区;起伏较大的丘陵地。

新修订的《建筑结构荷载规范》中地面粗糙度等级的划分为:

A 类:近海海面、海岛、海岸、湖岸及沙漠地区;

B 类:田野、乡村、丛林、丘陵以及房屋比较稀疏的乡镇和城市郊区;

C 类:有密集建筑群的城市市区;

D 类:有密集建筑群且房屋较高的城市市区。

本规范的分类是综合了上述二本规范的规定,结合公路桥梁的特点而确定的。各类地面粗糙度等级的粗糙度指数,参考某些规范的规定,分别取 0.12、0.16、0.22 和0.30,梯度风高度分别给定为 300m、350m、400m 和 450m。

峡谷和山口一般是指两岸山高大于1.5倍谷宽、最大风速的方向与山谷所成的夹角不超过22.5°，且沿峡谷、山谷的上风向距桥址10倍山高的范围内没有屏障。因两侧山高，气流受阻，在峡谷、山口处形成高风速区，通常风速增大10%~20%，相应地风压增大20%~40%。有条件时，应设风速观测站实地观测、分析。《建筑结构荷载规范》参照加拿大、澳大利亚和英国的有关规范以及欧洲钢结构协会ECCS的有关规定，对山峰和山坡上的建筑物，给出风速高度变化系数（见第3.2.4条说明）的修正系数予以考虑该因素的影响。

3.2.4 根据地面粗糙指数及梯度风高度即可得出风速高度变化系数计算公式（3.2.5-1）~（3.2.5-4），经计算可得到表3.2.4。应注意的是，上述公式和表内值考虑了海拔高度带来的空气密度不同的影响。由于我国南北气候差异大，大风的形成条件往往不同于同一类天气系统类型，风速随高度变化的特征也不相同。

我国在20世纪70年代以后曾进行过一系列梯度风的观测工作，如武汉城市外的阳逻过江输电铁塔（高146m）、广州电视塔（高180m）、北京气象塔（高320m）、上海电视塔（高186m）、南京八卦洲过江铁塔（高164m）、广东茂名铁塔（高124m）及天津气象铁塔、内蒙古锡林浩特气象塔（高118m）和北京八达岭外西拔子气象塔（高100m）梯度风观测以及辽宁、广东等地零星的梯度风观测，从这些观测的地点看，主要反映了城市、市郊、小起伏丘陵地区及部分近海地区的近地风随高度的变化情况。第一类属大城市，据20世纪80年代测得结果，α值在上海是0.30，广州为0.25。α值随风速大小而变，如上海α值的变化幅度从0.233~0.403，大风时的平均值为0.28。另一类是城郊平坦地形，武汉阳逻，平均α值为0.19，南京八卦洲为0.23，大风时的α值，阳逻为0.13~0.16，八卦洲为0.15。第三类为小起伏丘陵地区，如内蒙古锡林浩特和北京八达岭西拔子，平均α值在锡林浩特为0.23，八达岭为0.19；大风时的α值，在锡林浩特为0.12~0.16，八达岭为0.17。

同时，应注意，对于台风活动频繁的沿海地区，观测结果表明，台风大风风速的垂直梯度远大于其他天气系统的大风垂直梯度，据我国一些观测资料，台风大风时的指数α值，上海0.28，广东茂名0.31，南京0.22（其他大风α值约为0.16左右）。造成上述现象的原因可能与台风大风的湍流度有关，台风中风的阵性比较大，其湍流强度大于其他类型大风的湍流强度。因此，对于台风影响频繁地区，应适当考虑增大风压高度变化系数。

日本明石海峡大桥，横跨海洋，在《明石海峡大桥耐风设计要领·同解说》中，取$K_1=(Z/10)^{1/8}$。日本《耐风设计基准（1976）·同解说》中$K_1=(Z/10)^{1/7}$。此处的K_1均未考虑空气密度变化的影响。1991年出版的日本《道路桥耐风设计便览》中采用了针对不同的地面粗糙度的表列方式，见表3-2。我国以往编制的《公路桥梁抗风设计指南》的表3.3.3即取自日本的该便览。英国BS5400《钢桥、混凝土桥及结合桥》采用的是阵风系数，同时考虑构造物在地面以上的高度和风在结构或构件上的水平加载长度的影响，结果见表3-3。当结构附近有许多一般高度的风障时，规定对阵风系数予以折减，如在地面以上10m高度，折减系数为0.80；在地面以上20m时，折减系数为0.90；超过20m以后，不再进一步的折减。

表 3-2 修正系数 K_1

地表粗糙度类别高度(m)	A	B	C	D	地表粗糙度类别高度(m)	A	B	C	D
$0 < Z \leqslant 5$	1.11	1.00	0.83	0.75	$80 < Z \leqslant 90$	1.55	1.41	1.22	1.02
$5 < Z \leqslant 10$	1.16	1.00	0.83	0.75	$90 < Z \leqslant 100$	1.57	1.43	1.25	1.06
$10 < Z \leqslant 15$	1.24	1.04	0.83	0.75	$100 < Z \leqslant 110$	1.59	1.46	1.27	1.09
$15 < Z \leqslant 20$	1.29	1.09	0.85	0.75	$110 < Z \leqslant 120$	1.61	1.48	1.30	1.12
$20 < Z \leqslant 25$	1.33	1.14	0.90	0.75	$120 < Z \leqslant 130$	1.62	1.50	1.32	1.14
$25 < Z \leqslant 30$	1.36	1.18	0.94	0.75	$130 < Z \leqslant 140$	1.64	1.52	1.35	1.17
$30 < Z \leqslant 35$	1.39	1.21	0.98	0.77	$140 < Z \leqslant 150$	1.65	1.53	1.37	1.20
$35 < Z \leqslant 40$	1.41	1.24	1.01	0.80	$150 < Z \leqslant 160$	1.67	1.55	1.39	1.22
$40 < Z \leqslant 45$	1.43	1.26	1.04	0.83	$160 < Z \leqslant 170$	1.68	1.57	1.41	1.24
$45 < Z \leqslant 50$	1.45	1.28	1.07	0.86	$170 < Z \leqslant 180$	1.69	1.58	1.43	1.26
$50 < Z \leqslant 60$	1.47	1.31	1.11	0.90	$180 < Z \leqslant 190$	1.70	1.60	1.44	1.29
$60 < Z \leqslant 70$	1.50	1.35	1.15	0.94	$190 < Z \leqslant 200$	1.71	1.61	1.46	1.31
$70 < Z \leqslant 80$	1.53	1.38	1.18	0.98					

表 3-3 阵风系数 S_2 及小时风速系数 K_2

地面以上高度(m)	阵风系数 S_2,水平风载长度(m)									小时风速系数 K_2
	≤20	40	60	100	200	400	600	1000	2000	
5	1.47	1.43	1.40	1.35	1.27	1.19	1.15	1.10	1.06	0.89
10	1.56	1.53	1.49	1.45	1.37	1.29	1.25	1.21	1.16	1.00
15	1.62	1.59	1.56	1.51	1.43	1.35	1.31	1.27	1.23	1.07
20	1.66	1.63	1.60	1.56	1.48	1.40	1.36	1.32	1.28	1.13
30	1.73	1.70	1.67	1 .63	1.56	1.48	1.44	1.40	1.35	1.21
40	1.77	1.74	1.72	1.68	1.61	1.54	1.50	1.46	1.41	1.27
50	1.81	1.78	1.76	1.72	1.66	1.59	1.55	1.51	1.46	1.32
60	1.84	1.81	1.79	1.76	1.69	1.62	1.58	1.54	1.50	1.36
80	1.88	1.86	1.84	1.81	1.74	1.63	1.64	1.60	1.56	1.42
100	1.92	1.90	1.88	1.84	1.78	1.72	1.68	1.65	1.60	1.48
150	1.99	1.97	1.95	1.92	1.86	1.80	1.77	1.74	1.70	1.59
200	2.04	2.02	2.01	1.98	1.92	1.87	1.84	1.80	1.77	1.66

《美国公路桥梁设计规范—荷载与抗力系数设计法》规定，对于距地面或水面以上超过 10m 高度处的桥梁结构或其构件，其设计基准风速按下式计算：

$$V_{dt} = 2.5V_0\left(\frac{V_{10}}{V_B}\right)\ln\left(\frac{Z}{Z_0}\right)$$

式中 V_B——基本风速，取 44.4 m/s；

V_{10}——距地面或水面以上 10m 高速处的风速；

Z_0——迎风行程的摩擦长度，见表 3-4；

V_0——摩擦速度，对各种迎风面特性规定的一个气象学的风特征，如表 3-4。

Z——构造物离地面的高度(m)。

当缺乏更好的资料(数据)时，可取 $V_B = V_0$。

表 3-4 各种迎风面条件下的 V_0 和 Z_0

条件	开阔乡间	郊区	城市
V_0(m/s)	3.67	4.22	5.39
Z_0(m)	70	300	800

对于山区的构造物，《建筑结构荷载规范》规定应考虑地形条件的修正。

1 对于山峰和山坡，其顶部 B 处的修正系数为：

$$\eta = \left[1 + k\text{tg}\alpha\left(1 - \frac{Z}{2.5H}\right)\right]^2$$

式中 $\text{tg}\alpha$——山峰或山坡在迎风面一侧的坡度，当 $\text{tg}\alpha > 0.3$ 时，取 $\text{tg}\alpha = 0.3$；

k——系数，对山峰取 $k = 3.2$，对山坡取 $k = 1.4$；

H——山顶或山坡全高(m)；

当 $Z > 2.5H$ 时，取 $Z = 2.5H$。

对于山峰和山坡的其他部位，可以按图 3-1 考虑，取 A、C 处的修正系数为 1，AB 和 BC 间的修正系数按线性内插得到。

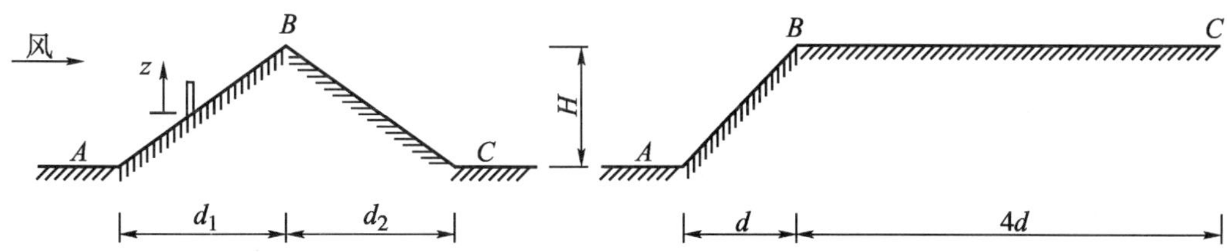

图 3-1 山峰和山坡示意

2 对于与风向一致的谷口、山口，$\eta = 1.20 \sim 1.50$。

3.2.6 当桥位处风速观测数据不充分，欲利用桥位处与附近气象台站的风速观测数据的相关性求设计基准风速时，应注意必须选取两者相关性较强的较高风速(如 6 级以上大风)进行相关分析，否则可能会产生较大误差。

前面定义的基本风速不是以桥址区的风速定义的,而是以包括桥址在内的气象台站所辖的较大范围地区的代表性地貌(即开阔平坦地面)的风速定义的。仅当桥址处于开阔平坦地区时,基本风速才代表桥址处风速。对于重要的大跨径桥梁,特别是沿海等风速较大的影响区内的桥梁,抗风设计可能是控制桥梁设计的控制因素,为了更正确地评估桥址区的风特性及其对桥梁结构的影响,应该在规划初期即设立桥址区风速观测站以获得必要的风速资料。一般而言,观测时段在一年以上时方可获得比较有规律的风速资料或最大风速值,并可作统计分析。经统计分析得到的年极值风速应该与附近气象台站的风速资料的分析结果进行校验,并求得相关关系。

对于台风多发地区,应适当考虑台风的影响,否则其结果偏于不安全。

3.2.7 当桥梁跨越较窄的海峡或峡谷等不易确定地表类别的特殊地形时，其风况有可能与附近地表处的风况有较大的不同，地表的粗糙度类别也不能简单地划归为 4 类之一，这时，可通过模拟地形的风洞试验、实地建立风速观测站进行实地风速观测或参照有关风速资料确定桥梁设计风速，以使得到的风速真正反映桥址处的风的实际状况。

3.3 施工阶段的设计风速

3.3.1～3.3.2 对于施工阶段的桥梁,应采用不同的重现期系数,以体现不同的结构安全度标准,根据欧洲 ECCS 规定和我国各地风压资料统计平均得出的比值,若以 100 年重现期为标准,则不同重现期的风压比值 $\mu = 0.305\log T_0 + 0.389$, T_0 为重现期(年)。

按上式可以计算出不同重现期的风压比值,进而得到风速重现期系数 η。

对于成桥状态,重现期为 100 年,而大桥的设计基准期也为 100 年,二者一致,其保证率为 99%,即在大桥的设计基准期内,不超过设计基准风速的概率为 0.99,超过设计基准风速的概率为 0.01。

日本本洲四国连络桥的抗风设计基准,规定施工阶段的设计风速为成桥状态的 0.7,相当于重现期为 2 年左右。在日本《耐风设计基准(1976)·同解说》中规定,对应于重现期为 150 年的设计基准期,施工阶段的重现期按 5 年考虑,其时,风速比约为 0.66,而风荷载的相对比值为 $0.66^2 = 0.436$,而实际规定施工阶段的风荷载取成桥状态的 0.5 倍。同时,对某些桥梁,还应作适当的抗风稳定性检算和风洞试验对此予以确认。

明石海峡大桥的重现期取为 150 年,其采用的风速比与施工年限的关系式为:

$$V_R / V_{150} = 0.505 - 0.099\ln\{\ln[R/(R-1)]\} \tag{3-5}$$

式中 R——施工年限(年)。

假定明石海峡大桥的施工年限为 5 年和不超过设计基准风速的概率为 $P = 0.8$,则由 $P = (1 - 1/R)^T$ 或表 3-5 可求得重现期为 22.9 年,代入前面的公式求得风速比为 0.81,明石海峡大桥的基本风速为 46m/s,而其施工阶段的基本风速为 $46 \times 0.81 = 37$m/s。

表 3-5 不超过的概率 *P* 与施工年限 *T* 和重现期 *R* 的关系

P \ *T* / *R*	1	2	5	10	20
0.95	20.0	39.5	98.0	195	390
0.90	10.0	19.5	48.0	95.4	190
0.85	6.7	12.8	31.3	62.0	124
0.80	5.0	9.5	22.9	45.3	90.1
0.70	3.5	6.1	14.5	28.5	56.6
0.60	2.5	4.4	10.3	20.1	39.7
0.50	2.0	3.4	7.7	14.9	29.4

4 风荷载计算

4.1 一般规定

4.1.1 桥梁是处于大气边界层内的结构物,由于受到地理位置、地形条件、地面粗糙程度、离地面(或水面)高度、外部温度变化等诸多因素的影响,作用于桥梁结构上的风荷载是随时间和空间不断变化的。从工程抗风设计的角度考虑,可以把自然风分解为不随时间变化的平均风和随时间变化的脉动风的叠加,分别确定它们对桥梁结构的作用。

对于桥梁结构来说,风荷载一般由三部分组成:一是平均风的作用;二是脉动风的背景脉动;三是由脉动风诱发抖振而产生的惯性力作用,它是脉动风谱和结构频率相近部分发生的共振响应。在本规范中将平均风作用和风的背景脉动两部分合并,总的响应和平均风响应之比称为静阵风系数 G_V,它是和地面粗糙程度、离地面(或水面)高度以及水平加载长度相关的系数。桥梁的横桥向风荷载是指风垂直于桥轴线作用时的风荷载;顺桥向风荷载是指风沿桥轴线方向作用时的风荷载,此时只需按静阵风荷载计算。作用在主梁上的竖向力和扭转力矩主要由风致振动产生的结构惯性力构成。

在进行桥梁的静力风荷载作用计算时,可仅考虑第 4.3 节中给出的静阵风荷载。

4.1.3 当经过桥梁的风速达到一定数值后,就需对桥上的交通实行交通管制,甚至临时性地封闭交通。因此,在汽车荷载与风荷载参与组合时,均应考虑对最大风速的限制。目前国外的有关规定的规定值一般在 25 ~ 35m/s 之间(如英国 BS5400 为 35m/s,日本的《耐风设计基准·同解说》为 30m/s),本规范现采用其他规范的较低值。

4.2 静阵风风速

4.2.1 本规范采用“静阵风”荷载概念,静阵风荷载定义为由静阵风风速算出的风荷载。静阵风风速则在 10min 平均风速的基础上乘以一个阵风系数 G_V得到,使静阵风荷载中包括了平均风载和脉动风的背景响应二部分的综合效应,因此,在 G_V 的计算中应当考虑风的空间相关性、不同地表粗糙度、不同桥梁基准高度的影响。

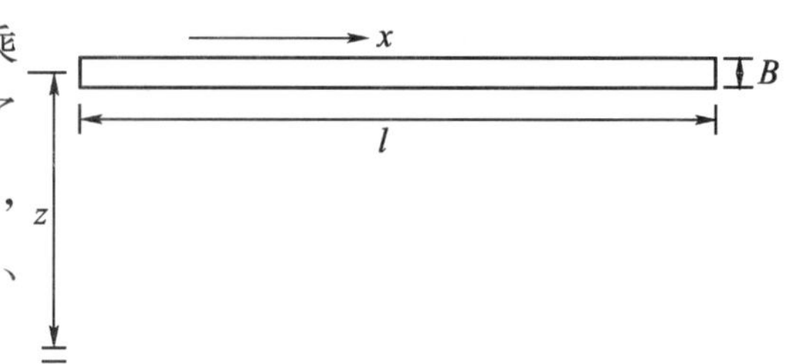

图 4-1 水平方向的结构物示意

对如图 4-1 所示水平方向的结构物(桥梁主梁),在 x 处,时间 t 时,单位长度所受风压为:

$$P(x,t)=\frac{1}{2}\rho C_{H}B(V+v(x,t))^{2}=\bar{P}+\frac{2\bar{P}}{V}v(x,t) \tag{4-1}$$

则主梁上的总压力为：

$$P_{t0}=\int_{0}^{l}P(x,t)\mathrm{d}x=\bar{P}+\int_{0}^{l}\frac{2\bar{P}}{V}v(x,t)\mathrm{d}x=\bar{P}+P(t) \tag{4-2}$$

$P(t)$为脉动风压。而：

$$S_{p}(n)=\left(\frac{2\bar{P}}{V}\right)^{2}|J_{H}(n)|^{2}S_{u}(n) \tag{4-3}$$

式中 $S_{p}(n)$——脉动风压 $P(t)$的谱密度函数；

$S_{u}(n)$——脉动风速的谱密度函数；

$|J_{H}(n)|^{2}$——水平联合接受函数，表达式为：

$$|J_{H}(n)|^{2}=\frac{1}{l^{2}}\int_{0}^{l}\int_{0}^{l}e^{\frac{-K_{1}n}{U}|x_{1}-x_{2}|}\mathrm{d}x_{1}\mathrm{d}x_{2} \tag{4-4}$$

K_{1} 为脉动风的相关系数。于是脉动风压的根方差为：

$$\sigma_{p}=\left(\int_{0}^{\infty}S_{p}(n)\mathrm{d}n\right)^{\frac{1}{2}} \tag{4-5}$$

按 Davenport 理论，则最大风压的期望值为：

$$E[P_{t0,\max}]=\bar{P}+g\sigma_{p} \tag{4-6}$$

$$g=\sqrt{2\ln(vT)}+\frac{0.5772}{\sqrt{2\ln(vT)}} \tag{4-7}$$

$$v=\left[\int_{0}^{\infty}n^{2}S_{p}(n)\mathrm{d}n\right]^{\frac{1}{2}}/\sigma_{p} \tag{4-8}$$

于是可得到静阵风风压系数，即为最大风压期望值和 10min 平均风压值之比：

$$G_{P}=\frac{E[P_{t0,\max}]}{\bar{P}}=1+g\cdot\sigma_{p}/\bar{P} \tag{4-9}$$

静阵风风速系数为：

$$G_{V}=\frac{V_{g}}{V_{Z}}=\sqrt{G_{P}} \tag{4-10}$$

通过以下方法可以得到不同时距的静阵风系数 G_{V}。由于 $v(t)$的预期最大值是一系列测量的结果，观测的有限时间 T 和记录装置的有限反应时间 τ 限制了实际的谱 $S_{u}(n)$，变成一个谱窗口，低频被 T 截短，高频依赖于 τ。由于平均风的时距 T 一般为 10min，前者实际是无关的，而后者可通过用在短暂时距 τ 内平均预期最大值代替瞬时预期最大值来考虑。

在有限反应时间 τ 内的平均最大风速可用以下公式得到：

$$V_{g}(\tau)=G_{V}(\tau)\cdot V \tag{4-11}$$

$$G_{V}(\tau)=\sqrt{1+g(\tau)\cdot\sigma_{p}(\tau)/\bar{P}} \tag{4-12}$$

式中 $g(\tau)$、$\sigma_{p}(\tau)$可按上式计算，但其中脉动风速的谱密度函数 $S_{u}(n)$须用下式代替。

$$S_u(n,\tau)=S_u(n)\chi(n,\tau) \tag{4-13}$$

$$\chi(n,\tau)=\sin^2(\pi n\tau)/(\pi n\pi)^2 \quad (当\ n\pi\tau=0\ 时\ \chi=1) \tag{4-14}$$

本规范根据 Kaimal 水平风谱,计算了不同基本风速、不同地表粗糙度类别和几种相关系数以及不同桥面高度的静阵风系数。计算表明,对同类地表,静阵风系数随基本风速变化较小,随桥面高度虽有变化,但亦很小;随水平相关系数的变化亦不大,但地表类别变化影响较大。表 4-1 为不同时距的静阵风系数。表 4-2 和 4-3 分别为不同高度和不同平均风速的计算结果。

由于静阵风荷载是等效平均风作用和风的背景脉动形成的,其时距系数应取为 1 ~ 3s。对一般大跨径桥梁,桥梁高度一般在 30 ~ 70 m 之间,基本风速一般在 20 ~ 50 m/s 之间,因而建议采用时距为 1s,基本风速为 40 m/s,桥面高度为 40 m,水平相关系数偏安全地取为 7 时的结果,如表 4-4 所示。

表 4-1 不同时距的静阵风系数(40m 高度,40m/s 基本风速,B 类风场)

时距(s)	水平加载长度(m)											
	100	200	300	400	500	650	800	1000	1200	1500	1800	2100
1	1.31	1.29	1.27	1.26	1.25	1.24	1.23	1.22	1.21	1.20	1.19	1.18
3	1.28	1.26	1.25	1.24	1.23	1.22	1.21	1.20	1.20	1.19	1.18	1.17
5	1.26	1.25	1.24	1.23	1.22	1.21	1.20	1.19	1.19	1.18	1.17	1.16
10	1.22	1.21	1.21	1.20	1.20	1.19	1.18	1.18	1.17	1.16	1.15	1.15
20	1.18	1.18	1.17	1.17	1.16	1.16	1.15	1.15	1.14	1.14	1.13	1.13
30	1.16	1.15	1.15	1.14	1.14	1.14	1.14	1.13	1.13	1.12	1.12	1.12
60	1.11	1.11	1.11	1.11	1.11	1.10	1.10	1.10	1.10	1.09	1.09	1.09
180	1.06	1.06	1.06	1.06	1.06	1.06	1.06	1.06	1.06	1.05	1.05	1.05
300	1.04	1.04	1.04	1.04	1.04	1.04	1.04	1.04	1.04	1.04	1.04	1.04

表 4-2 静阵风系数(40m/s 基本风速,B 类风场,τ = 1s,主梁高度变化)

高度(m)	水平加载长度(m)											
	100	200	300	400	500	650	800	1000	1200	1500	1800	2100
20	1.32	1.30	1.28	1.26	1.25	1.24	1.22	1.21	1.20	1.19	1.18	1.17
40	1.31	1.29	1.27	1.26	1.25	1.24	1.23	1.22	1.21	1.20	1.19	1.18
60	1.30	1.28	1.27	1.26	1.25	1.24	1.23	1.22	1.21	1.20	1.19	1.19
80	1.30	1.28	1.27	1.26	1.25	1.24	1.23	1.22	1.21	1.20	1.20	1.19

表 4-3　静阵风系数(40m 高度,B 类风场,$\tau = 1s$,基本风速变化)

基本风速(km/h)	水平加载长度(m)											
	100	200	300	400	500	650	800	1000	1200	1500	1800	2100
20	1.30	1.28	1.26	1.25	1.24	1.23	1.22	1.21	1.20	1.19	1.18	1.17
30	1.31	1.28	1.27	1.26	1.25	1.23	1.22	1.21	1.20	1.19	1.19	1.18
40	1.31	1.29	1.27	1.26	1.25	1.24	1.23	1.22	1.21	1.20	1.19	1.18
50	1.31	1.29	1.28	1.26	1.25	1.24	1.23	1.22	1.21	1.20	1.19	1.19

表 4-4　静阵风系数 G_V 取值

地表类别	水平加载长度(m)													
	<20	60	100	200	300	400	500	650	800	1000	1200	1500	1800	2100
A	1.29	1.28	1.26	1.24	1.23	1.22	1.21	1.20	1.19	1.18	1.17	1.16	1.16	1.15
B	1.35	1.33	1.31	1.29	1.27	1.26	1.25	1.24	1.23	1.22	1.21	1.20	1.19	1.18
C	1.49	1.48	1.45	1.41	1.39	1.37	1.36	1.34	1.33	1.31	1.30	1.29	1.27	1.26
D	1.56	1.54	1.51	1.47	1.44	1.42	1.41	1.39	1.37	1.35	1.34	1.32	1.31	1.30

4.3　主梁上的静阵风荷载

4.3.1　本规范仅给出了顺风向的风荷载,未给出横风向和扭转力矩的表达式。作用在大跨桥梁断面上的竖向力(升力)和扭转力距一般由平均风作用下的静力和抖振惯性力组成,且惯性力部分是主要的,只能通过风洞试验和详细的抖振响应分析得到。

作用在主梁单位长度上的静力风荷载按图 4-2 所示的坐标系(即体轴)三个方向的平均风荷载表达式为:

横向风载:
$$P_H = \frac{1}{2}\rho V_d^2 C_H H \tag{4-15}$$

竖向风载:
$$P_V = \frac{1}{2}\rho V_d^2 C_V B \tag{4-16}$$

扭转力矩:
$$M = \frac{1}{2}\rho V_d^2 C_M B^2 \tag{4-17}$$

式中　C_H、C_V、C_M——主梁体轴各方向的横向力系数、竖向力(升力)系数,扭转力矩系数;

H、B——分别为主梁的高度和宽度(m)。

为了便于理解规范中有关风荷载的规定,下面列出国内外部分规范中有关风荷载的规定,供参考。

1　在我国 1989 年版《公路桥涵设计通用规范》(JTJ 021—89)中,定义横向设计风压为:

$$W = K_1 \cdot K_2 \cdot K_3 \cdot K_4 \cdot W_0 \tag{4-18}$$

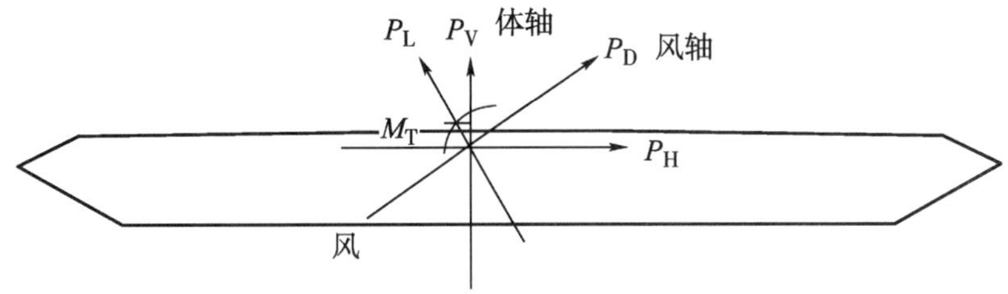

图 4-2 风轴与体轴坐标系及其气动力的方向

式中 W_0——基本风压,是基于设计基本风速得到的,$W_0=\frac{1}{1.6}V_{20}^2$,在该规范中设计基本风速定义为平坦开阔地面离地面 20m 高度处,100 年重现期的 10min 平均最大风速;

K_1——表征桥梁重要程度的重现期系数;

K_2——风载体型系数;

K_3——风压高度变化系数;

K_4——地形、地理条件系数。

该公式把风的作用仅仅当作静力作用考虑,而没有计入脉动风的影响,是偏于不安全的。

2 日本《道路桥耐风设计便览》适用于跨径小于 200m 的桥梁。其设计风速和设计风荷载定义为:

$$V_d=E_1V_{10} \tag{4-19}$$

$$P=\frac{1}{2}\rho V_d^2C_HG_VA_n \tag{4-20}$$

式中 ρ——空气密度;

E_1——高度及地表粗糙度修正系数;

C_H——桥面阻力系数;

A_n——桥梁顺风向投影面积;

G_V——阵风响应系数,$G_V=1.9$,是一个常数。

在上式中,引入了阵风响应系数,体现了风的紊流成分的影响,但没有考虑风的空间相关,对跨径小于 200 m 的桥梁是可以适用的。

3 在日本《本州四国联络桥耐风设计指南》中,大跨度桥梁的设计风速和设计风荷载分别表达为:

$$V_d=V_{10}\cdot v_1\cdot v_2 \tag{4-21}$$

$$P_d=\frac{1}{2}\rho V_d^2v_4C_HA_n \tag{4-22}$$

式中 v_1——高度修正系数;

v_2——水平长度阵风修正系数;

v_4——动力效应风载修正系数。

其余参数意义同上。

该式反映了考虑风的水平相关是风荷载的脉动影响随跨长增加的折减效应。

4　英国 BS5400 规范也采用静阵风荷载的概念，设计风速取为最大阵风风速，最大阵风风速与设计风荷载分别表达为：

$$V_d = V_{10} \cdot K_1 \cdot S_1 \cdot S_2 \tag{4-23}$$

$$P_d = \frac{1}{2}\rho V_d^2 C_H A_n \tag{4-24}$$

式中　K_1——重现期系数；

S_1——穿谷系数；

S_2——阵风系数。

5　美国《公路桥梁设计规范—LRFD》中设计风速与设计风荷载分别表达为：

$$V_d = \sqrt{2}\left(\frac{Z}{30}\right)^{0.1} V_{mm} \tag{4-25}$$

$$P_d = \frac{1}{2}\rho V_d^2 C_H A_n \tag{4-26}$$

式中　Z——高度(ft)；

V_{mm}——小时平均风速，$V_{mm} = 0.8V_{30}$；

V_{30}——30ft(相当于 10m)高度处的最大风速。

在本次编写的抗风规范中，对横桥向风作用下顺风向的风荷载，将作用在桥墩(塔)、主缆、斜拉索上的风荷载和作用在主梁上的风荷载分开处理。除主梁外，作用在桥梁各构件单位长度上的风荷载仅考虑各构件不同基准高度上的静阵风荷载，而主梁除考虑静阵风荷载外，还需考虑抖振惯性力。对于成桥状态，主梁上的惯性荷载在桥塔中产生的内力与等效静阵风荷载相比较小，在计算桥塔中的内力时，可以将其忽略。

4.4　墩、塔、吊杆、斜拉索和主缆上的风荷载

4.4.1～4.4.5　除主梁以外的桥梁其他构件上的风荷载一般仅考虑风作用方向上的阻力作用。本规范给出了一些典型断面的阻力系数数值，对复杂的断面形状以及当桥梁的风荷载控制设计时建议通过风洞试验测定和数值模拟技术计算。对斜拉索，当不采用气动措施时，可取为 0.7，若采用如缠绕螺旋线的气动措施时，可取为 0.8。

4.5　施工阶段的风荷载

4.5.1　对悬臂施工的桥梁，在最长双悬臂状态，除了按第 4.4 节中的规定施加风荷载外，可按本条的规定进行不对称加载，计算桥墩或桥塔根部的扭转力矩。

4.5.2　对悬臂施工中的大跨径桥梁，由风致振动产生的惯性荷载有时是控制因素，一般可根据具体情况通过风洞测定风荷载。

5 桥梁的动力特性

5.1 一般规定

5.1.1 为精确得到桥梁的自振频率和相应的振型，一般应使用有限元方法进行详细的分析。本规范给出的斜拉桥和悬索桥的竖向和扭转频率的计算公式是经过统计分析得到的,非精确计算公式,原则上仅适用于桥梁的初步设计阶段或技术设计阶段,或用于总体判断或校核。

进行结构动力特性分析时,一般采用空间有限元动力分析程序。塔墩和主梁可离散为三维梁单元,斜拉桥或悬索桥的索可离散为杆单元,但要计入初始恒载轴力的几何刚度。

对主梁为闭口箱形梁的斜拉桥或悬索桥，可采用单脊梁式模型(图 5-1a);对主梁为开口的分离式边梁的斜拉桥应采用三梁式模型进行动力特性计算(图 5-1b)。其刚度和质量按下列原则等效:

1 主梁面积 A 和侧向抗弯刚度 I_y 全部集中于中梁，即

$$\begin{aligned} A_2 = I_{y2} = 0 \\ A_1 = A, I_{y1} = I_y \end{aligned} \tag{5-1}$$

2 主梁竖向抗弯刚度的分配应使边主梁的竖向刚度提供所需的约束扭转刚度 I_ω，即

$$\begin{aligned} I_{x1} + 2I_{x2} = I_x \\ 2I_{x2} \cdot b^2 = I_\omega \end{aligned} \tag{5-2}$$

3 开口断面的自由扭转刚度较小,可以自由地分配给三根梁,但要保持左右的对称性。

4 全部质量和质量惯性矩可集中在中梁上,也可以分配给三根梁,由边主梁的质量提供所需的质量惯矩，即

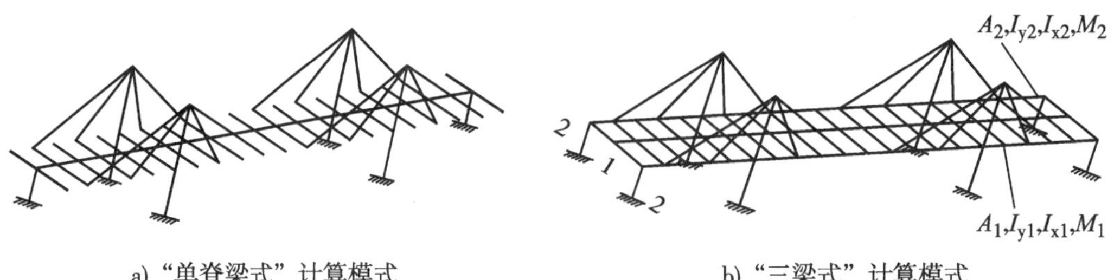

a)“单脊梁式”计算模式　　b)“三梁式”计算模式

图 5-1 有限元计算模式

$$M_1 + 2M_2 = M$$
$$2M_2 b^2 = I_m \tag{5-3}$$

5.2 斜拉桥的基频估算

5.2.1～5.2.2 斜拉桥的形式较多,要得到精度高且使用方便的基频计算公式比较困难。在对已建成的斜拉桥的基频进行统计后,本规范给出了具有两个桥塔的斜拉桥的一阶竖向弯曲和一阶对称扭转的经验公式。

表5.2.2中的开口指板梁式截面,半开口指分离箱截面,闭口指封闭的箱形梁截面。

5.3 悬索桥的基频估算

5.3.1～5.3.2 根据悬索桥的振动方程,可得到悬索桥的一阶反对称弯曲频率的解析式:

$$f_b = \frac{1}{L}\sqrt{\frac{EI\left(\frac{2\pi}{L}\right)^2 + 2H_g}{m}} \tag{5-4}$$

式中 L——悬索桥的主跨跨径(m);

EI——加劲梁竖弯刚度($N \cdot m^2$);

H_g——恒荷载作用下单根主缆的水平拉力(N);

m——桥面和主缆的单位长度质量(kg/m),$m = m_d + 2m_c$;

m_d——桥面单位长度质量(kg/m);

m_c——单根主缆单位长度质量(kg/m)。

在一般情况下,式(5-4)中的 $EI\left(\frac{2\pi}{L}\right)^2$ 比 $2H_g$ 要小一个数量级,若近似取 $EI\left(\frac{2\pi}{L}\right)^2 = 0.2H_g$,考虑到 $H_g = \frac{mgL^2}{16f}$,则:

$$f_b = \frac{1}{L}\sqrt{\frac{EI\left(\frac{2\pi}{L}\right)^2 + 2H_g}{m}} = \frac{1}{L}\sqrt{\frac{2.2H_g}{m}} = \sqrt{\frac{2.2g}{16f}} = \frac{1.16}{\sqrt{f}} \tag{5-5}$$

5.3.3 使用瑞雷法,可得到如下悬索桥的一阶对称竖向弯曲频率计算公式:

$$f_b = \frac{1}{2\pi}\sqrt{\frac{EI\left(\frac{120}{L^4}\right) + H_g\left(\frac{20}{L^2}\right) + \frac{E_c A_c}{L_E}\frac{10}{6}\left(\frac{8f}{L^2}\right)^2 L}{m}} \tag{5-6}$$

$$L_E = \int_s \frac{dx}{\cos^3\alpha}$$

式中 α——索的水平倾角。

式(5-6)中的第一、二项比最后一项一般小1～2个数量级,估算时可以忽略不计,一般地说,$f/L \approx 0.1$,$L_E \approx 2L$,于是有:

$$f_{b}=\frac{0.1}{L}\sqrt{\frac{E_{c}A_{c}}{m}} \tag{5-7}$$

5.3.4 本条文给出的是悬索桥的一阶反对称扭转的解析式,当主梁为闭口箱梁时,可以忽略约束扭转刚度项。

5.3.5 使用瑞雷法,可以得到悬索桥的一阶对称扭转频率为:

$$f_{t}=\frac{1}{2L}\sqrt{\frac{GI_{d}+\frac{1}{8}H_{g}B_{c}^{2}+E_{c}A_{c}\left(\frac{8fB_{c}}{\pi L}\right)^{2}\frac{L}{L_{E}}}{m_{d}r+m_{c}\frac{B_{c}^{2}}{2}}} \tag{5-8}$$

注意到上式中的第二项比其他两项要小一个数量级,略去。取 $f/L\approx0.1$, $L_{E}\approx2L$,可得到本条文公式。

5.4 桥梁结构的阻尼比

5.4.1 桥梁的阻尼是确定桥梁振动特性的重要动力参数之一。阻尼消耗能量,使振动衰减,对桥梁的安全是有利的。阻尼的大小直接关系到桥梁在动荷载作用下振动的强弱。因此研究桥梁的阻尼规律是提高桥梁动力计算精确度的关键之一。到目前为止,还没有一种被广泛接受的用来估算桥梁结构阻尼比的方法,阻尼的估算主要基于实际的测量。同时,阻尼比的测量值分散性很大。测量值随测量方法、振动幅度、结构材料、地基基础类型、结构形式、连接类型、非结构部件数量等因素而变化。本条文所给的数值为统计平均值。同济大学曾对我国20世纪90年代建造的几座斜拉桥和虎门悬索桥进行过现场测试,图5-2和图5-3分别为结合梁斜拉桥和混凝土斜拉桥的模态阻尼比与固有频率的关系。图5-4为模态阻尼比与跨径的关系,可以看出,模态阻尼比随跨径增加而降低,对混凝土斜拉桥,当跨径大于400m时,建议取为0.01。

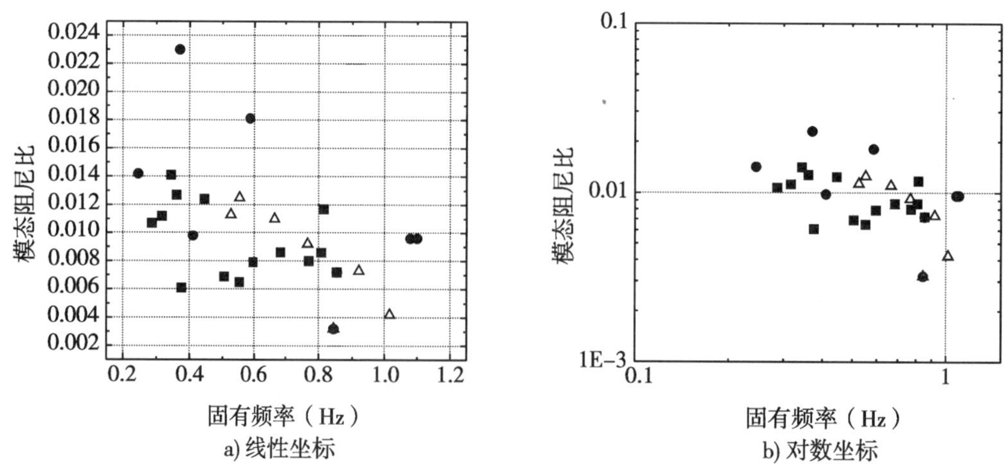

图5-2 结合梁斜拉桥模态阻尼与固有频率关系

■为竖弯振型;●为横弯振型;△为扭转振型

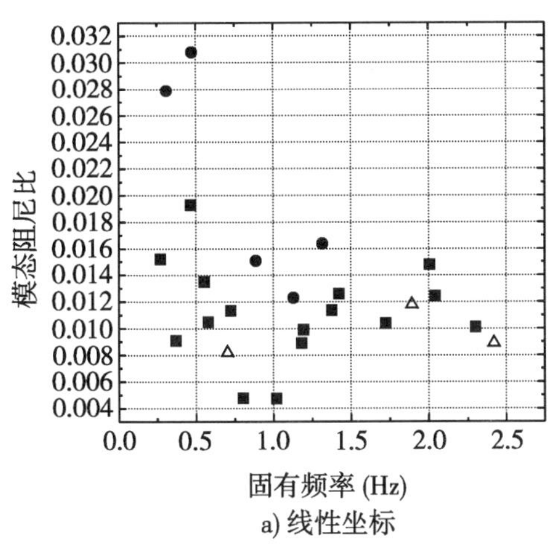

a) 线性坐标

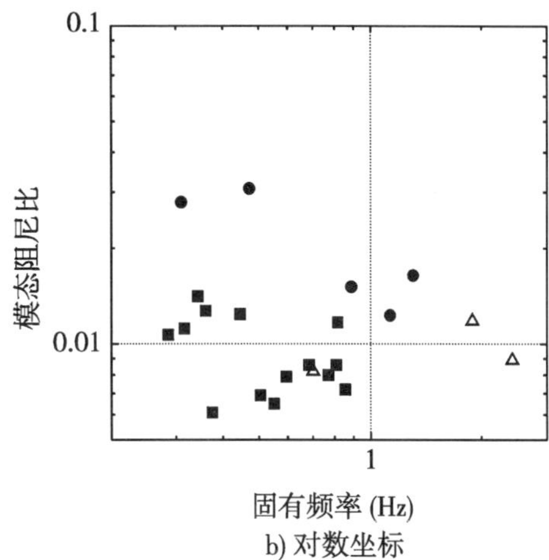

b) 对数坐标

图 5-3 混凝土斜拉桥模态阻尼与固有频率关系

■为竖弯振型;●为横弯振型;△为扭转振型

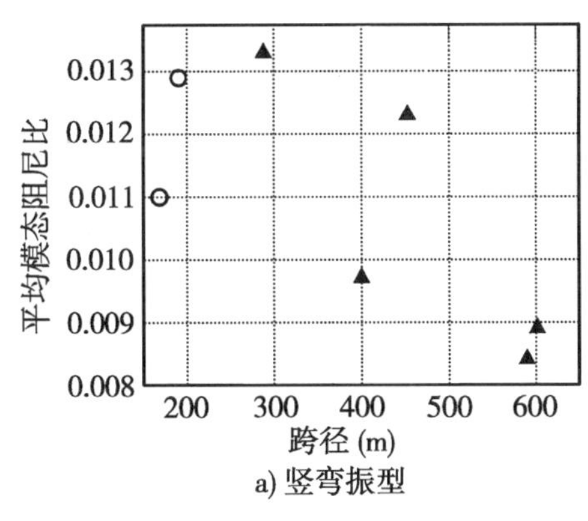

a) 竖弯振型

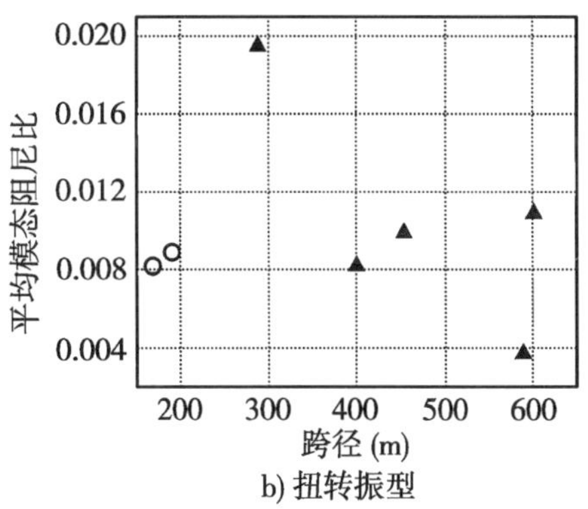

b) 扭转振型

图 5-4 斜拉桥平均模态阻尼与跨径关系

○为两跨斜拉桥;▲为三跨斜拉桥

根据收集到的一座国内钢悬索桥(虎门桥)实测阻尼资料,将其模态阻尼比与固有频率的关系示于图 5-5,从图中可以看出,竖弯振型、横弯振型和扭转振型的模态阻尼比均随频率的升高而减小。若以对数坐标来显示这种规律则更为明显,由图 5-5b)可见,所有模

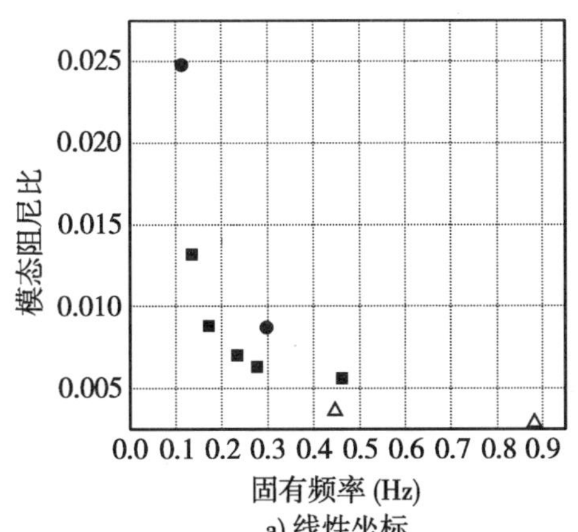

a) 线性坐标

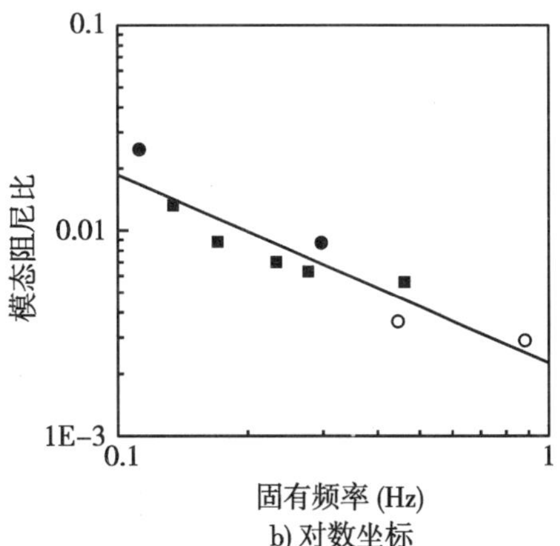

b) 对数坐标

图 5-5 虎门桥模态阻尼与固有频率关系

■为竖弯振型;●为横弯振型;△为扭转振型

态阻尼值均分布在一条直线两侧,可用下式来近似地表示模态阻尼值与固有频率的关系:

$$\lg(\xi) = a + b\lg(f) \tag{5-9}$$

式中 a、b——悬索桥结构特性有关的待定常数。对虎门桥,经数据拟合,$a = -2.6463$、$b = -0.91537$。

式(5-9)可以改写为如下形式:

$$\xi = c_1 \cdot f^{c_2} \tag{5-10}$$

在虎门桥中,$c_1 = 0.002258$、$c_2 = -0.91537$。即悬索桥的模态阻尼比可以表示为固有频率的幂指数函数,且其幂指数小于零。

6 抗风稳定性验算

6.1 静力稳定性验算

6.1.1 大跨度桥梁在风荷载的静力作用下有可能发生因升力矩过大而发生扭转发散，或因顺风向的阻力过大而引起横向屈曲这两种静力失稳。桥梁在风的作用下还有可能发生一种自激振动，风的能量的不断输入使振幅逐渐加大。根据断面的不同形状，这种发散性的振动可以是弯曲型的驰振，扭转型的颤振，或者弯扭耦合型的颤振，统称为动力失稳。静力失稳和动力失稳的临界风速的较低者将控制大跨度桥梁的抗风安全。

静力失稳和动力失稳两者都是危险性的，都必须在桥梁设计时加以避免。

根据对国内1000m以下的斜拉桥和悬索桥的抗风稳定性分析和风洞试验验证，颤振动力失稳的临界风速一般都低于静力失稳的临界值。悬索桥跨度超过千米的江阴大桥，静力失稳的临界风速向颤振风速逼近。因此，偏安全地以跨径400m和600m为界分别作为斜拉桥和悬索桥静力稳定性验算的起点。

斜拉桥在横向风荷载下的静力稳定性由于其失稳形式较复杂，难以用公式表达。只能通过数值方法和必要的风洞试验进行验算。

6.1.2 悬索桥在静风载的作用下，当结构的竖向弯曲刚度和扭转刚度较小时，有可能发生类似梁的侧倾的静力失稳。对单跨悬索桥，其侧向失稳形态常为反对称形式，其临界均匀水平风载的计算公式为：

$$q_{1b}=\frac{8\pi^3\sqrt{\bar{EI}\cdot\bar{GI}_d}}{L^3\sqrt{K}\sqrt{K+1+\frac{C_L'B_c}{C_H H}}} \tag{6-1}$$

$$\bar{EI}=EI+\frac{l}{2\pi^2}H_g$$

$$\bar{GI}_d=GI_d+EI_\omega\frac{4\pi^2}{L^2}+\frac{B_c^2}{2}H_g$$

$$K=\frac{1}{4}\left(\frac{4\pi^2}{3}+1\right)=3.54$$

式中 EI, GI_d, EI_ω——加劲梁的抗弯刚度、自由扭转和约束扭转刚度（$N\cdot m^2, N\cdot m^4$）；

H_g——恒载作用下索的水平拉力（kN）；

B_c——主缆中心距(m);

C_H——阻力系数;

H——桥梁断面高度(m);

C_L'——静升力系数的斜率。

临界风速可写为:

$$V_{lb}=\sqrt{\frac{2q_{lb}}{\rho C_H H}} \tag{6-2}$$

引入刚度和频率的关系式,对一阶反对称振型,有:

$$2\pi f_b=\left(\frac{2\pi}{L}\right)^2\sqrt{\frac{EI}{m}},2\pi f_t=\frac{2\pi}{L}\sqrt{\frac{GI_d}{I_m}} \tag{6-3}$$

于是得到本条文公式。

6.1.3 研究表明,考虑几何非线性和气动力非线性后,静力稳定性的临界风速大约要折减60%左右,考虑1.2倍的安全系数,得到其检验风速为$2.0V_d$。

6.1.4 流线形的机翼,当达到某一临界飞行速度时,曾经出现过机翼扭毁的事故。这是因为空气的静扭转力矩使机翼产生扭角,这一扭角增大了有效攻角又使扭转力矩增大,在临界风速时,空气力矩的增量超过了结构抵抗力矩的增量,出现了不稳定的扭转发散。

当结构跨度较大时桥梁断面也可能出现类似的现象。在平均风的作用下,单位长度桥面的气动力矩为:

$$M_\alpha=\frac{1}{2}\rho V^2B^2C_M(\alpha)=\frac{1}{2}\rho V^2B^2\left[C_{M0}+\left.\frac{dC_M}{d\alpha}\right|_{\alpha=0}\right] \tag{6-4}$$

由气动力矩和结构抗力矩相等的条件 $M_\alpha=K_\alpha\alpha$,可以得出:

$$(K_\alpha-\lambda C'_{M0})\alpha=\lambda C_{M0} \tag{6-5}$$

式中 $\lambda=\frac{1}{2}\rho V^2B^2,C'_{M0}=\left.\frac{dC_{M0}}{d\alpha}\right|_{\alpha=0^\circ}$

当 $\lambda=K_t/C'_{M0}$时,α 将趋于无穷大,于是得到扭转发散的临界风速

$$V_{td}=\sqrt{\frac{2K_t}{\rho B^2C_{M0}}} \tag{6-6}$$

由上式可见,结构的扭转刚度 K_α 愈小,断面的空气力矩系数斜率 C'_{M0}愈大,则扭转发散的临界风速愈低。引入结构抗扭刚度和扭频的关系式:$\omega_t=\sqrt{K_t/I_m}=2\pi f_t$,注意到 $I_m=mr^2$,可得到本条文公式。

6.2.5 与6.2.3条原因相同。

6.2 驰振稳定性验算

6.2.1 驰振主要可能发生在截面较钝的钢桥和钢的桥塔中。由于国内的桥塔普遍采

用混凝土材料,阻尼较大,驰振临界风速一般都很高。

6.2.2 变截面的钢连续梁桥、形状较为复杂的钢桥塔的驰振稳定性一般应通过风洞试验检验。本条文给出了一些典型断面的驰振系数,判断驰振是否有发生的可能性首先采用邓-哈托准则。

6.2.3 检验风速的安全系数参照欧洲规范采用1.2。

6.3 颤振稳定性验算

6.3.1 按第6.3.8条算出的检验风速$[V_{cr}]$、桥梁要求的宽度B以及按第5章的近似公式计算的扭频f_t等三个参数可以计算出颤振稳定性指数I_f,该指数实际综合反映了桥梁所在地的风环境、结构的刚度。

6.3.2 在进行颤振稳定性分析或试验时,一般选取扭转基频,若进行详细的有限元动力分析,应计算对应振型的广义质量,选取广义转动惯量最小的扭转基频作为计算参数。

6.3.3 指数愈大,对抗风的要求就愈高,为满足要求就要进行较详细的分析、试验,甚至增设抗风措施。

6.3.4 对于颤振稳定性指数$I_f<2.5$的桥梁,可按近似公式计算临界风速V_{cr},其中所用的断面形状折减系数η_s和攻角折减系数η_α都是对大量风洞试验进行设计并偏安全地取整后给出的,具有足够的可靠性。

在进行颤振分析时,先按平板颤振理论的公式计算出平板断面的基本颤振临界风速V_{co},然后通过实际断面的节段模型风洞试验直接测出二维颤振的临界风速V_c,两者之比即为断面形状的修正系数η_s。如果要考虑$\pm 3°$攻角对颤振的不利影响,也可以通过风洞试验直接测定攻角效应的折减系数η_α,最后写出颤振临界风速的表达式为:

$$V_c = \eta_\alpha \cdot \eta_s \cdot V_{co} \tag{6-7}$$

式中 η_s——断面形状的修正系数,$\eta_s = \dfrac{V_c(0°)}{V_{co}}$;

η_α——攻角效应的折减系数,$\eta_\alpha = \dfrac{V_c(\alpha)}{V_c(0°)}$;

V_{co}——平板的耦合颤振风速,常用的计算公式有:

1 Van der Put 公式

根据Theoderson平板气动力的精确表达式,由Klöeppel和Thiele算出无量纲参数的诺谟图(其中偏保守地忽略了结构阻尼比)。Van der Put将诺谟图中的曲线拟合成近似的直线式,表示为:

$$V_{co}=\left[1+(\varepsilon-0.5)\sqrt{\left(\frac{r}{b}\right)\cdot 0.72\mu}\right]\omega_b\cdot b \tag{6-8}$$

式中 ε——扭弯频率比,$\varepsilon=\frac{\omega_t}{\omega_b}=\frac{f_t}{f_b}$;

μ——桥面质量与空气的密度比,$\mu=\frac{m}{\pi\rho b^2}$;

γ——桥梁的惯性半径(m),$\frac{r}{b}=\frac{1}{b}\sqrt{\frac{I_m}{m}}$;

b——桥面宽度之半(m),$b=\frac{B}{2}$。

2 Selberg 公式

根据 Theodorson 的平板气动力公式,由 Bleish 的颤振解得出的近似公式:

$$V_{co}=0.44B\omega_t\sqrt{\left(1-\frac{\omega_t^2}{\omega_b^2}\right)\frac{\sqrt{\bar{v}}}{\bar{\mu}}} \tag{6-9}$$

式中 $\bar{\mu}$——空气与桥面的密度比,$\bar{\mu}=\frac{\pi\rho B^4}{4m}=\frac{1}{\mu}$;

$$\bar{v}=8\left(\frac{r}{B}\right)^2=2\left(\frac{r}{b}\right)^2$$

Selberg 公式计算结果略高于 Van der Put 公式,因其中考虑了阻尼的有利影响。

3 同济大学公式

将 Klöppel 的诺谟图近似地拟合成通过原点的直线,并对斜率作适当调整,此时可消去影响较小的参数 ε,得到如下的简化公式:

$$V_{co}=2.5\sqrt{\mu\cdot\frac{r}{b}}\cdot B\cdot f_t \tag{6-10}$$

当颤振稳定性为Ⅱ级以上的桥梁宜通过风洞试验仔细测定气动参数、发生涡振和颤振的风速。尤其是费用不高、需时短的节段模型试验应当成为大跨度桥梁抗风检验的必要手段。

由于节段模型试验是二维的,不能精确考虑全桥的三维效应和多振型耦合的现象。因此,对于特大跨度的重要桥梁,或者按节段模型试验的结果检验已没有富裕量的情况,应当通过全桥气弹模型的大型风洞试验和详细的三维颤振分析进行确认。

6.3.5 该条文主要针对跨径小且截面较钝的桥梁。

6.3.6 对截面形状较钝的桥梁,在进行节段模型风洞试验时,没有明显的发散点,此时,节段模型试验应模拟阻尼,按本条文来确定颤振临界风速,本条文亦可用于紊流场中的试验。

6.3.7 本条文规定在 $-3°\leqslant\alpha\leqslant+3°$风攻角范围内,颤振稳定性均应满足本规范的要求,但当桥梁的主梁离开地面或水面的高度不大时,如小于 20m,可适当放宽要求,仅检验

0°风攻角的稳定性。

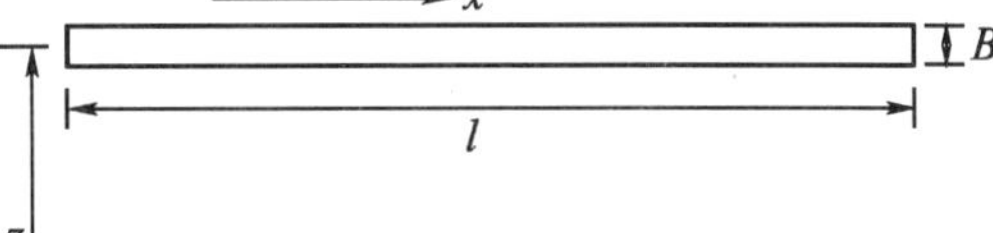

图 6-1　水平方向的结构物示意

6.3.8　由于颤振临界风速一般在均匀流场中得到，所以其颤振检验风速应考虑紊流的影响，本条文引入了颤振检验风速修正系数 μ_f，其计算原理如下：

对图 6-1 所示的水平方向的结构物，在 x 处，时间 t 时，单位长度所受风压为：

$$p(x,t)=\frac{1}{2}\rho C_H B(V+v)^2 \approx \bar{p}+\frac{2\bar{p}}{V}v(x,t) \tag{6-11}$$

式中　ρ——空气密度（kg/m³），$\bar{p}=\frac{1}{2}\rho C_H BV^2$；

C_H——桥梁主梁阻力系数；

B——主梁高度（m）；

V——高度 z 处的平均风速（m/s），即桥梁的设计基准风速；

$v(x,t)$——风的水平脉动分量。

于是，桥梁主梁上的总压力为：

$$P_{to}(t)=\int_0^l p(x,t)\mathrm{d}x=\bar{P}+\int_0^l \frac{2\bar{p}}{V}v(x,t)\mathrm{d}x=\bar{P}+P(t) \tag{6-12}$$

式中　l——桥梁主跨长度（m），$\bar{P}=\bar{p}l$。

将上式中的脉动压力部分进行富里埃变换，并设有下列映射：

$$P^T(t): t<-T \text{ 或 } t>T \text{ 时，有 } P^T(t)=0$$

$$-T\leqslant t\leqslant T \text{ 时，有 } P^T(t)=P(t)$$

于是脉动压力的富里埃变换可写为：

$$F_P(f)=\int_{-\infty}^{-\infty}P^T(t)e^{-i2\pi ft}\mathrm{d}t=\int_{-\infty}^{+\infty}\int_0^l \frac{2\bar{P}}{V}v^T(x,t)e^{-i2\pi ft}\mathrm{d}t\mathrm{d}x=\frac{2\bar{p}}{V}\int_0^l F_v(x,f)\mathrm{d}x \tag{6-13}$$

式中　$F_v(x,f)=\int_{-\infty}^{+\infty}v^T(x,t)e^{-i2\pi ft}\mathrm{d}t$ 为脉动风速 $v^T(x,t)$ 的富里埃变换。$F_P(f)$ 的共轭复数 $F_p^*(f)$ 为：

$$F_P^*(f)=\int_{-T}^{T}P^T(t)e^{i2\pi ft}\mathrm{d}t=\frac{2\bar{P}}{V}\int_{-T}^{T}F_v^*(x,f)\mathrm{d}x \tag{6-14}$$

式中　$F_v^*(x,f)$ 为 $F_v(x,f)$ 的共轭复数。$P(t)$ 的功率谱密度函数为：

$$\begin{aligned}S_p(f)&=\lim_{T\to\infty}\frac{1}{2T}E[F_P(f)F_P^*(f)] \\ &=\lim_{T\to\infty}\frac{1}{2T}\left(\frac{2\bar{p}}{V}\right)^2\int_0^l\int_0^l E[F_v(x_1,f)F_v^*(x_2,f)]\mathrm{d}x_1\mathrm{d}x_2 \\ &=\left(\frac{2\bar{p}}{V}\right)^2\int_0^l\int_0^l \lim_{T\to\infty}\frac{1}{2T}E[F_v(x_1,f)F_v^*(x_2,f)]\mathrm{d}x_1\mathrm{d}x_2 \\ &=\left(\frac{2\bar{p}}{V}\right)^2\int_0^l\int_0^l S_v(x_1,x_2,f)\mathrm{d}x_1\mathrm{d}x_2\end{aligned} \tag{6-15}$$

式中 $S_v(x_1,x_2,f)$为桥跨 x_1,x_2 处的频率谱密度,按 Davenport 给出的关系式,有:

$$S_v(x_1,x_2,f) = e^{\frac{-K_1 n}{V}|x_1-x_2|} S_v(f) \tag{6-16}$$

式中 $S_v(f)$为风速水平脉动分量的自功率谱。于是,式(6-15)可写为:

$$S_P(f) = \left(\frac{2\bar{p}}{V}\right)^2 S_v(f)\int_0^l\int_0^l e^{\frac{-K_1 n}{v}|x_1-x_2|}\mathrm{d}x_1\mathrm{d}x_2 = \left(\frac{2\bar{P}}{V}\right)^2 S_v(f)\ |\chi_v(f)|^2 \tag{6-17}$$

式中 $|\chi_v(f)|^2$ 表示脉动风速沿桥轴方向的空间效果,具有空气导纳的意义:

$$|\chi_v(f)|^2 = \frac{1}{l^2}\int_0^l\int_0^l e^{\frac{-K_1 n}{V}|x_1-x_2|}\mathrm{d}x_1\mathrm{d}x_2 = \frac{2}{\gamma^2}(\gamma - 1 + e^{-\gamma}) \tag{6-18}$$

式中 $\gamma = \frac{K_1 ln}{V}$。$K_1$ 为脉动风的相关系数。于是,脉动风压的根方差为:

$$\sigma_P = \left[\int_0^\infty S_P(f)\mathrm{d}f\right]^{\frac{1}{2}} \tag{6-19}$$

按 Davenport 理论,则最大风压的期望值为:

$$E[P_{tamax}] = \bar{p} + g\sigma_P \tag{6-20}$$

$$g = \sqrt{2\ln(n_0 T)} + \frac{0.5772}{\sqrt{2\ln(n_0 T)}} \tag{6-21}$$

$$n_0 = \left[\int_0^\infty f^2 S_P(f)\mathrm{d}f\right]^{\frac{1}{2}}/\sigma_P \tag{6-22}$$

于是,得到颤振检验风速修正系数 μ_f:

$$\mu_f = \sqrt{\frac{E[P_{tomax}]}{\bar{P}}} = \sqrt{1 - g\cdot\sigma_P/p} \tag{6-23}$$

日本《本州四国联络桥耐风设计便览》假定基本风速为 40 m/s,水平相关系数为 $K_1 = 7$ 以及采用 Hino 水平风谱的条件下,根据不同的桥面高度和桥梁跨长,给出了如表 6-1 所示的颤振检验风速修正系数 μ_f。

表 6-1 风速脉动修正系数 μ_f

Z \ l	100	200	300	400	500	650	800	1000	1200	1500	1800
20	1.24	1.21	1.19	1.18	1.17	1.16	1.15	1.14	1.13	1.12	1.11
40	1.23	1.21	1.19	1.18	1.17	1.16	1.15	1.14	1.13	1.12	1.12
60	1.23	1.20	1.19	1.18	1.17	1.16	1.15	1.14	1.13	1.12	1.12
80	1.23	1.20	1.19	1.17	1.17	1.16	1.15	1.14	1.13	1.12	1.12

Kaimal 水平风谱是目前国际上普遍采用的脉动风谱。本规范根据 Kaimal 水平风谱,计算了不同基本风速、不同地表粗糙度类别和几种相关系数以及不同桥面高度的颤振检验风速修正系数 μ_f。计算表明,对同类地表,颤振检验风速修正系数 μ_f 随基本风速变化较小,随桥面高度虽有变化,但亦不甚敏感;随水平相关系数的变化亦不大,但随地表类别变化的影响较大。对大跨径桥梁,桥梁高度一般在 30 ~ 70 m 之间,基本风速一般在 20 ~ 50 m/s 之间,因而建议采用基本风速为 40 m/s,桥面高度为 40 m,水平相关系数为 7 时的

计算结果,见表6-2。其中由于对C类和D类地表采用Kaimal水平风谱将过高估计结构响应5%左右,表中结果亦进行了相应的折减。

表6-2 推荐风速脉动修正系数 μ_f

地表类别	跨径(m)											
	100	200	300	400	500	650	800	1000	1200	1500	1800	2100
A	1.30	1.27	1.25	1.24	1.23	1.22	1.21	1.20	1.20	1.19	1.18	1.17
B	1.36	1.33	1.30	1.29	1.28	1.27	1.26	1.25	1.24	1.22	1.21	1.20
C	1.43	1.39	1.37	1.35	1.33	1.31	1.30	1.28	1.27	1.25	1.24	1.23
D	1.49	1.44	1.42	1.40	1.38	1.36	1.35	1.33	1.31	1.29	1.28	1.27

若风洞试验模拟了紊流风场,则颤振检验风速中的修正系数可取为1。

本条文采用的颤振检验风速的表达式同日本《本州四国联络桥耐风设计便览》以及日本的一些其他桥梁的抗风设计指南在形式上是一样的。不过日本《本州四国联络桥耐风设计便览》给出的颤振检验风速修正系数 μ_f 的取值比本条文要稍微小一些,但日本的设计基准风速的重现期为150年,其总体的结果与本条文接近。

英国BS5400规范采用在0°风攻角时的检验风速基于120年1min的最大风速值(与10min间的时距系数为对A类地貌为1.1),其分项安全系数为:$\gamma_{f1}=1.38$,$\gamma_m=1.05$,$\gamma_{f3}=1.1$。在±2.5°,折减系数为0.8。

按丹麦大海带桥的动力稳定性的失效概率为 $P_f<10^{-7}$的基准,在±3°范围内的颤振检验风速为 $1.5V_d$。

表6-3给出了按不同设计指南或规范所得到的润扬长江公路大桥南汊悬索桥的颤振检验风速值。可以看出按本规范的计算结果略高于按日本本四便览计算的结果,但低于大海带桥设计指南和英国BS5400规范的要求。

表6-3 润扬长江公路悬索桥的颤振检验风速$[V_{cr}]$比较(m/s)

攻角	本条文	本四指南	大海带指南	BS5400
0°	54	52	56	66
±3°	54	52	56	53(±2.5°)

6.4 施工阶段的抗风稳定性检验

在大跨度斜拉桥或悬索桥的施工阶段中,结构体系处于不断转换、尚未成形的状态,可能会出现比成桥后更为不利的状态:即刚度较小,变形较大,稳定性较差,甚至风致振动响应更大的情况,其中稳定性问题也十分突出。

斜拉桥的最大双悬臂状态和最大单悬臂状态、悬索桥在安装初期当桥面拼装率在10%~40%左右就是这种最不利的状态。

由于施工阶段结构体系的复杂性,难以用简单的公式进行验算。只能规定一些原则性条文以引起设计人员的重视,通过专题研究或专门的风洞试验加以检验。

7 风致限幅振动

7.1 抖振

7.1.1 桥梁的长大化使其刚度和结构阻尼不断下降,导致对风的敏感性不断增加,由于自然风的紊流特性,不可避免地会使大跨柔性桥梁结构发生抖振,从而产生抖振惯性力。桥梁的抖振响应可通风洞试验测得必要的气动参数后通过抖振分析得到,还可通过气动弹性模型试验,在模拟的风场中直接测量。

大跨径斜拉桥和悬索桥成桥状态的桥梁主梁竖向和扭转抖振响应需要与活载产生的效应进行比较,对多座大跨桥梁的抗风研究表明,一般活载效应比这两项抖振响应要大;但侧向抖振惯性力,在主梁中会产生大的内力,但在成桥状态下,侧向一般不控制设计,对桥塔中的风载内力响应有一定贡献,但亦不大。对悬臂施工中的桥梁,有时抖振惯性力是主要荷载,如斜拉桥的最长单悬臂状态和最长双悬臂状态。此时,若判定这些状态对风敏感,则应进行详细的抖振响应分析和风洞试验研究。

理论分析和现场实测均表明,桥梁抖振响应中最低几阶振型起主要作用,高阶振型的贡献很小,气动耦合的影响也不明显,因此,对于侧向水平弯曲振型、竖向弯曲振型或以扭转为主的振型等各种情况,可近似地取其几阶对称振型和几阶反对称振型单独估算其抖振响应,然后进行叠加。这种分析方法和地震分析中的反应谱法有类似之处,称为桥梁抖振反应谱的计算方法,以下给出的近似计算公式以 Scanlan 的抖振理论为框架,并根据 Davenport 的理论引入气动导纳函数修正抖振力谱,计入了背景响应,供工程实例分析和比较。

抖振惯性力与平均风效应和背景脉动效应一般不能直接叠加,需采用矢量叠加的方式,所以对风荷载控制设计的桥梁,宜进行详细的风荷载分析研究。

1 抖振位移响应功率谱密度

根据随机振动理论,桥梁抖振位移响应功率谱密度可写为:

$$\left.\begin{aligned}
S_{\mathrm{p}}(n,x) &= (\rho V C_{\mathrm{H}} A)^2 \frac{\varphi_{\mathrm{p}}^2(x)}{M_{\mathrm{p}}^2} |H_{\mathrm{p}}(n)|^2 \cdot |\gamma(n)|^2 \cdot |J(n)|^2 S_{\mathrm{v}}(n) \\
S_{\mathrm{h}}(n,x) &= \left(\frac{1}{2}\rho V B\right)^2 \frac{\varphi_{\mathrm{h}}^2(x)}{M_{\mathrm{h}}^2} |H_{\mathrm{h}}(n)|^2 \cdot |\gamma(n)|^2 \cdot |J(n)|^2 \left[4 C_{\mathrm{L}}^2 S_{\mathrm{v}}(n) + \left(C'_{\mathrm{L}} + \frac{A}{B} C_{\mathrm{H}}\right)^2 S_{\mathrm{w}}(n)\right] \\
S_{\mathrm{m}}(n,x) &= \left(\frac{1}{2}\rho V B^2\right)^2 \frac{\varphi_{\mathrm{m}}^2(x)}{J_1^2} |H_{\mathrm{m}}(n)|^2 \cdot |\gamma(n)|^2 \cdot |J(n)|^2 \left[4\left(C_{\mathrm{M}} + \frac{A \cdot r}{B^2} C_{\mathrm{H}}\right)^2 S_{\mathrm{v}}(n) + C_{\mathrm{M}}'^2 S_{\mathrm{w}}(n)\right]
\end{aligned}\right\} \tag{7-1}$$

式中 ρ——空气密度，$\rho = 1.225\text{kg/m}^3$；

V——桥面高度处设计基准风速(m/s)；

C_H、C_L、C_M——加劲梁的阻力系数、升力系数和力矩系数；

C'_L、C'_M——C_L 和 C_M 在平均攻角 α_0 处对攻角 α 的导数；

A——加劲梁单位展长的迎风面积(m^2/m)；

B——桥宽(m)；

r——桥面质量中心到有效转轴的距离(m)，对于闭口截面可忽略不计；

$\varphi_p(x)$、$\varphi_h(x)$、$\varphi_m(x)$——桥梁侧弯、竖弯和扭转振型函数。

式(7-1)中忽略了各运动分量之间的气动耦合以及水平脉动风 $v(x,t)$ 与竖向脉动风 $w(x,t)$ 之间的互谱。$S_p(n,x)$、$S_h(n,x)$ 和 $S_m(n,x)$ 分别为桥轴向坐标 x 处顺风向、横风向和扭转抖振位移响应功率谱密度。

联合接受函数 $|J(n)|^2 = \int_0^L\int_0^L \varphi(x_1)\varphi(x_2)e^{-\pi\cdot c|x_1-x_2|/L}\mathrm{d}x_1\mathrm{d}x_2$

式中 c——$c = \dfrac{n\lambda L}{\pi V}$；

L——桥梁跨长(m)；

x_1、x_2——桥梁展向坐标；

λ——风场相关系数，在缺乏桥位处风场资料时，可偏安全地取 $\lambda = 7$。

2 成桥状态的抖振反应谱

对双塔斜拉桥和悬索桥的成桥状态，取主梁一阶振型函数为正弦函数，即：

$$\varphi(x) = A_1\sin\frac{s\cdot\pi\cdot x}{L}$$

则有
$$|J(n)|^2 = \frac{1}{\pi^2}\cdot\frac{A_1^2L^2}{s^2+c^2}\left\{\pi\cdot c + \frac{2s^2}{s^2+c^2}\left[1+(-1)^{s+1}e^{-\pi\cdot c}\right]\right\}$$

式中 A_1——振幅(m)；

s——描述振型的无量纲参数，一阶对称振型 $s=1$，一阶反对称振型 $s=2$；

$S_u(n)$、$S_w(n)$——水平风谱和竖向风谱，可取为

$$S_u(n) = \frac{u_*^2}{n}\cdot\frac{200f}{(1+50f)^{5/3}},\ S_w(n) = \frac{u_*^2}{n}\cdot\frac{6f}{(1+4f)^2}$$

式中 f——莫宁坐标，$f = \dfrac{nZ}{V}$；

u_*——摩擦风速(m/s)，$u_* \approx \dfrac{0.4V}{\ln(z/z_0)}$，地表粗糙长度 z_0 可按表 3.2.2 取值。

M_p 和 M_h 为对应于某阶振型的广义质量(kg)

$$M = \int_0^L m\cdot\varphi^2(x)\mathrm{d}x = \frac{1}{2}A_1^2\cdot L\cdot m$$

式中 m——桥梁展向单位长度的总质量(kg/m)；

J_1——对应于扭转振型的广义质量惯矩($\text{kg}\cdot\text{m}^2$)；

$$J_1 = \int_0^L J_m \varphi_m^2(x)\mathrm{d}x = \frac{1}{2}A_1^2 \cdot L \cdot J_m$$

J_m—— 桥梁展向单位长度总质量惯矩 ($kg \cdot m^2/m$)。

气动导纳函数 $|\gamma(n)|^2 = \dfrac{1}{1+\pi K}$

$H_i(n)$为受气动阻尼和气动刚度影响的气动传递函数

$$H_i(n) = \frac{1}{\tilde{\omega}_i^2 - \omega^2 + i \cdot 2\tilde{\xi}_1 \omega \tilde{\omega}_i}$$

式中 $\tilde{\omega}_i$——受自激力影响的结构振动有效圆频率(Hz),$\tilde{\omega}_i = 2\pi \tilde{n}_i$;

$\tilde{n}_i$——受自激力影响的结构振动有效频率(Hz),$\tilde{n}_i = \beta_1 n_i$;

n_i——结构振动固有频率(Hz)。

β_1 表示考虑气动刚度的修正,对于顺风向,$\beta_{1u} = 1$;对于横风向,$\beta_{1w} = \sqrt{1 - \dfrac{\rho B^2 H_4^*}{m}}$,$H_4^*$ 的影响很小,一般总是将其影响忽略不计,故可取 $\beta_{1w} \approx 1$;

对于扭转抖振响应

$$\beta_{1m} = \sqrt{1 - \frac{\rho B^4 A_3^*}{J_m}}$$

式中 $\tilde{\xi}_1$——受自激力影响的表观阻尼比,$\tilde{\xi}_1 = \dfrac{1+\beta_2}{\beta_1}\xi_1$;

ξ_1——结构阻尼比。

无量纲系数 β_2 表示考虑气动阻尼的修正,对于顺风向,$\beta_{2u} = -\dfrac{\rho B^2 P_1^*}{2m \cdot \xi_1}$,气动导数 P_1^* 可近似采用准定常假定得到的公式:

$$P_1^* = -\frac{2}{K} \cdot \frac{A}{B} C_H,\text{其中折算频率 } K = \frac{B\omega}{V}$$

对于横风向抖振响应 $\beta_{2w} = -\dfrac{\rho B^2 H_1^*}{2m \cdot \xi_1}$

对于扭转抖振响应 $\beta_{2m} = -\dfrac{\rho B^4 A_2^*}{2J_m \cdot \xi_1}$

气功导数 H_1^*、A_2^* 和 A_3^* 均应通过风洞试验识别;为方便起见,取 $\beta_u = \beta_{2u}$,$\beta_w = \dfrac{1+\beta_{2w}}{\beta_{1w}} - 1 \approx \beta_{2w}$,$\beta_m = \dfrac{1+\beta_{2m}}{\beta_{1m}} - 1$,则表观阻尼可表示为:

$$\tilde{\xi}_u = (1+\beta_u)\xi_1, \tilde{\xi}_w = (1+\beta_w)\xi_1, \tilde{\xi}_m = (1+\beta_m)\xi_1$$

(1)抖振位移响应根方差

根据随机振动理论,抖振位移响应根方差可根据下式计算:

$$\sigma_i^2(x) = \int_0^\infty S_i(n,x)\mathrm{d}n \tag{7-2}$$

式中 $\sigma_i(x)$——桥轴向坐标 x 处对应于振型 i 的抖振位移响应根方差;

$S_i(n,x)$——由式(7-1)给出的桥轴向坐标 x 处应于振型 i 的抖振位移响应功率谱密密度。

(2)抖振反应谱实用计算公式

式(7-2)中的广义积分十分困难,为便于表示,令

$$S_{0u}(n)=|J(n)|^2\cdot|\gamma(n)|^2\cdot S_u(n),S_{0w}(n)=|J(n)|^2\cdot|\gamma(n)|^2\cdot S_w(n) \tag{7-3}$$

$$I_{0u}=\int_0^{\infty}|H(n)|^2\cdot S_{0u}(n)\mathrm{d}n,I_{0w}=\int_0^{\infty}|H(n)|^2\cdot S_{0w}(n)\mathrm{d}n \tag{7-4}$$

则

$$\sigma_p^2(x)=\frac{\phi_p^2(x)\cdot(\rho VC_H\cdot A)^2}{M_p^2}\cdot I_{0u}$$

$$\sigma_h^2(x)=(\rho VB)^2\cdot\frac{\phi_h^2(x)}{M_h^2}\left[C_L^2\cdot I_{0u}+\frac{1}{4}\left(C'_L+\frac{A}{B}\cdot C_H\right)^2\cdot I_{0w}\right]$$

$$\sigma_m^2(x)=(\rho VB^2)^2\cdot\frac{\phi_m^2(x)}{J_1^2}\left[\left(C_M+\frac{A\cdot r}{B^2}C_H\right)^2\cdot I_{0u}+\frac{1}{4}C_M'^2\cdot I_{0w}\right]$$

$S_{0u}(n)$和 $S_{0w}(n)$的图形形状大致如图 7-1、图 7-2 所示,二者在高频阶段均迅速衰减并很快趋向于零,将 I_{0u}和 I_{0w}近似写为共振响应和背影响应的和的形式,即

$$I_{0u}\approx\frac{1}{\tilde{\omega}_1^4}\left[\int_0^{\infty}S_{0u}(n)\mathrm{d}n+\frac{\pi\tilde{n}_1}{4\tilde{\xi}_1}S_{0u}(\tilde{n}_1)\right],I_{0w}\approx\frac{1}{\tilde{\omega}_1^4}\left[\int_0^{\infty}S_{0w}(n)\mathrm{d}n+\frac{\pi\tilde{n}_1}{4\tilde{\xi}_1}S_{0w}(\tilde{n}_1)\right] \tag{7-5}$$

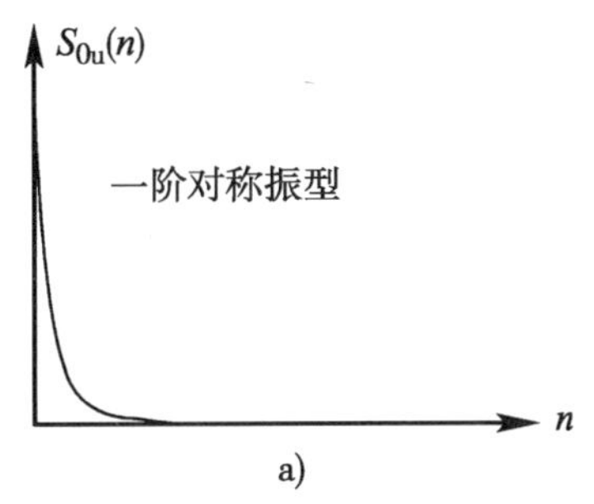

a)

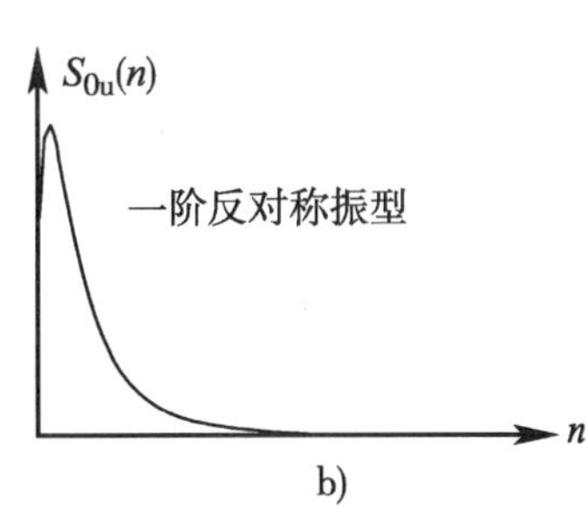

b)

图 7-1 $S_{0u}(n)$的变化规律

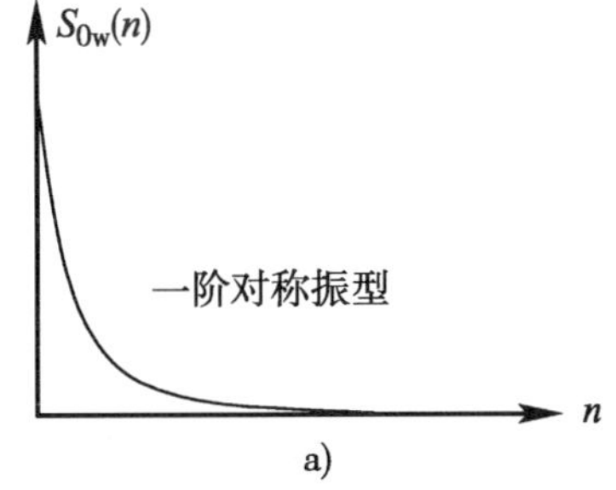

a)

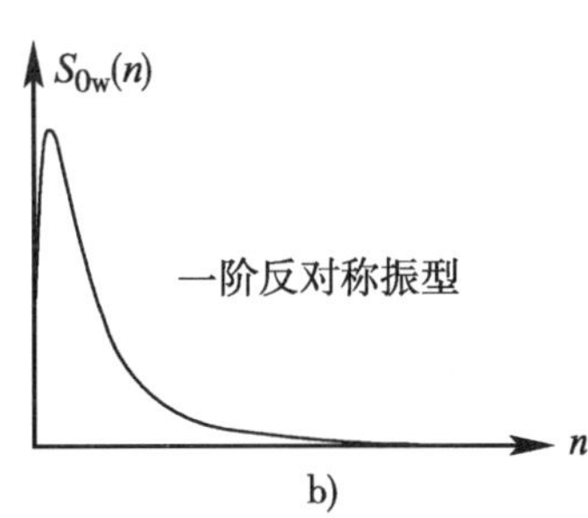

b)

图 7-2 $S_{0w}(n)$的变化规律

为计算式(7-5)中的背景项,令

$$Q_u(f)=\frac{1}{s^2+c^2}\left\{\pi\cdot c+\frac{2s^2}{s^2+c^2}[1+(-1)^{s+1}e^{-\pi\cdot c}]\right\}\cdot\frac{1}{1+\pi\cdot K}\cdot\frac{1}{(1+50f)^{5/3}} \tag{7-6}$$

$$Q_w(f)=\frac{1}{s^2+c^2}\left\{\pi\cdot c+\frac{2s^2}{s^2+c^2}[1+(-1)^{s+1}e^{-\pi\cdot c}]\right\}\cdot\frac{1}{1+\pi\cdot K}\cdot\frac{1}{(1+4f)^2} \tag{7-7}$$

$$\eta_u = \int_0^\infty Q_u(f)\mathrm{d}f = \eta_u\left(\frac{z}{L},\frac{z}{B}\right),\ \eta_w = \int_0^\infty Q_w(f)\mathrm{d}f = \eta_w\left(\frac{z}{L},\frac{z}{B}\right) \tag{7-8}$$

$$\alpha_u = \frac{4\tilde{\xi}_1}{\pi}\cdot\frac{\eta_u}{\tilde{f}_p\cdot Q_u(\tilde{f}_p)},\ \alpha_w = \frac{4\tilde{\xi}_1}{\pi}\cdot\frac{\eta_w}{\tilde{f}_h\cdot Q_w(\tilde{f}_h)} \tag{7-9}$$

式(9)中 $\tilde{f}_p = \frac{\tilde{n}_p z}{U}$,$\tilde{f}_h = \frac{\tilde{n}_h z}{n}$。$\eta_u$ 和 η_w 的值可由表 7-1、表 7-2 查得,表 7-3 还给出了气动导纳函数取 1 时的 η_u 和 η_w 值。于是可得桥梁抖振反应谱实用计算公式:

$$\left.\begin{aligned}\sigma_p &= K_{bp}\cdot C_{wp}\cdot C_{Ap}\cdot C_{sp}\cdot\Psi(\tilde{c}_p)\cdot\mu(\tilde{K}_p)\cdot\phi_u(\tilde{f}_p)\\ \sigma_h &= K_{bh}\cdot C_{wh}\cdot C_{Ah}\cdot C_{sh}\cdot\Psi(\tilde{c}_h)\cdot\mu(\tilde{K}_h)\cdot\phi_w(\tilde{f}_h)\\ \sigma_{me} &= K_{bn}\cdot C_{wm}\cdot C_{Am}\cdot C_{sm}\cdot\Psi(\tilde{c}_m)\cdot\mu(\tilde{K}_m)\cdot\phi_w(\tilde{f}_m)\end{aligned}\right\} \tag{7-10}$$

表 7-1　气动导纳函数为 Sears 函数时的 η_u 值($\times 10^{-2}$)

Z/B \ Z/L		0.005	0.01	0.015	0.02	0.03	0.04	0.05	0.06	0.08	0.10	0.15	0.20	0.30	0.40
一阶对称振型	0.75	1.36	1.97	2.39	2.70	3.15	3.47	3.71	3.90	4.19	4.40	4.74	4.96	5.21	5.35
	1.5	1.45	2.14	2.61	2.97	3.51	3.89	4.19	4.42	4.79	5.05	5.50	5.78	6.12	6.32
	2.5	1.50	2.22	2.73	3.12	3.70	4.13	4.46	4.72	5.13	5.44	5.95	6.28	6.68	6.93
	3.5	1.52	2.27	2.79	3.20	3.80	4.25	4.60	4.88	5.32	5.64	6.20	6.56	7.00	7.28
一阶反对称振型	0.75	0.715	0.874	0.935	0.957	0.955	0.930	0.898	0.864	0.800	0.743	0.631	0.550	0.449	0.370
	1.5	0.791	0.995	1.085	1.127	1.150	1.138	1.114	1.084	1.021	0.961	0.837	0.742	0.608	0.518
	2.5	0.832	1.062	1.170	1.227	1.268	1.270	1.251	1.226	1.169	1.111	0.984	0.882	0.735	0.634
	3.5	0.853	1.097	1.215	1.279	1.333	1.340	1.328	1.307	1.254	1.199	1.073	0.970	0.817	0.710

表 7-2　气动导纳函数为 Sears 函数时的 η_w 值($\times 10^{-2}$)

Z/B \ Z/L		0.005	0.01	0.015	0.02	0.03	0.04	0.05	0.06	0.08	0.10	0.15	0.20	0.30	0.40
一阶对称振型	0.75	2.13	3.37	4.33	5.13	6.39	7.39	8.21	8.91	10.05	10.96	12.60	13.74	15.25	16.24
	1.5	2.40	3.89	5.07	6.07	7.69	9.01	10.11	11.06	12.63	13.90	16.27	17.95	20.23	21.76
	2.5	2.57	4.22	5.55	6.67	8.55	10.08	11.39	12.52	14.42	15.98	18.92	21.05	23.99	25.99
	3.5	2.67	4.41	5.82	7.03	9.05	10.72	12.14	13.39	15.50	17.24	20.56	22.98	26.38	28.71
一阶反对称振型	0.75	1.382	1.984	2.369	2.639	2.991	3.200	3.330	3.411	3.486	3.498	3.406	3.260	2.960	2.697
	1.5	1.635	2.432	2.974	3.375	2.931	4.293	4.541	4.713	4.919	5.014	5.030	4.903	4.564	4.228
	2.5	1.796	2.725	3.381	3.880	4.597	5.088	5.438	5.696	6.031	6.218	6.361	6.297	5.979	5.611
	3.5	1.888	2.896	3.620	4.180	5.001	5.577	5.998	6.315	6.745	7.002	7.260	7.270	6.974	6.604

表 7-3 气动导纳函数取 1 时的 η_u 和 η_w 值（$\times 10^{-2}$）

Z/L		0.005	0.01	0.015	0.02	0.03	0.04	0.05	0.06	0.08	0.10	0.15	0.20	0.30	0.40
一阶对称振型	η_u	1.60	2.41	3.00	3.45	4.16	4.68	5.10	5.45	6.00	6.42	7.17	7.68	8.35	8.78
	η_w	0.923	1.217	1.376	1.473	1.578	1.625	1.643	1.647	1.632	1.603	1.517	1.435	1.298	1.192
一阶反对称振型	η_u	3.10	5.25	7.06	8.65	11.40	13.76	15.84	17.71	20.97	23.77	29.42	33.82	40.47	45.40
	η_w	2.305	3.693	4.767	5.651	7.058	8.150	9.032	9.763	10.908	11.763	13.153	13.943	14.676	14.885

为与 σ_p 和 σ_h 统一量纲，式中取 $\sigma_{me}=\frac{B}{2}\cdot\sigma_m$；$\sigma_p$、$\sigma_h$ 和 σ_{me} 分别为对应于某阶振型的抖振位移响应根方差(RMS)的最大值，主梁轴向坐标 x 处的响应 $\sigma_i(x)=\frac{\phi_i(x)}{\max\{\phi_i(x)\}}\sigma_i$；$\phi_u(f)$ 和 $\phi_w(f)$ 分别为与水平风谱和竖向风谱有关的系数，$\phi_u(f)=\frac{1}{(1+50f)^{5/6}}$，$\phi_w(f)=\frac{1}{1+4f}$；

$\Psi(\tilde{c})=\frac{1}{\pi}\sqrt{\frac{1}{s^2+\tilde{c}^2}\left\{\pi\cdot\tilde{c}+\frac{2s^2}{s^2+\tilde{c}^2}[1+(-1)^{s+1}e^{-\pi\cdot\tilde{c}}]\right\}}$ 为与联合接受函数有关的系数，当 $c\geqslant 1$ 时可取 $\Psi(\tilde{c})\approx\frac{1}{\pi}\sqrt{\frac{1}{s^2+\tilde{c}^2}\left(\pi\cdot\tilde{c}+\frac{2S^2}{s^2+\tilde{c}^2}\right)}$；背景响应影响系数 $K_{bp}=\sqrt{1+\alpha_u}$，$K_{bh}=\sqrt{1+\alpha_w}$，$K_{bm}=\sqrt{1+\alpha_{wm}}$；$\alpha_u$、$\alpha_w$、$\alpha_{uw}$、$\alpha_{um}$ 和 α_{wm} 是与背景响应有关的无量纲参数，

$$\alpha_u=\frac{4(1+\beta_u)\xi_1}{(\pi\tilde{K}_p)^3\tilde{f}_p}\cdot\frac{\eta_u}{[\Psi(\tilde{c}_p)\cdot\phi_u(\tilde{f}_p)\cdot\mu(\tilde{K}_p)]^2}$$

$$\alpha_w=4\frac{(1+\beta_w)\xi_1}{(\pi\tilde{K}_h)^3\tilde{f}_h}\cdot\frac{\eta_w}{[\Psi(\tilde{c}_h)\cdot\phi_w(\tilde{f}_h)\cdot\mu(\tilde{K}_h)]^2}$$

$$\alpha_{uw}=\frac{4(1+\beta_w)\xi_1}{(\pi\tilde{K}_h)^3\tilde{f}_h}\cdot\frac{\eta_u}{[\Psi(\tilde{c}_h)\cdot\phi_u(\tilde{f}_h)\cdot\mu(\tilde{K}_h)]^2}$$

$$\alpha_{um}=\frac{4(1+\beta_m)\xi_1}{(\pi\tilde{K}_m)^3\tilde{f}_m}\cdot\frac{\eta_u}{[\Psi(\tilde{c}_m)\cdot\phi_u(\tilde{f}_m)\cdot\mu(\tilde{K}_m)]^2}$$

$$\alpha_{wm}=\frac{4(1+\beta_m)\xi_1}{(\pi\tilde{K}_m)^3\tilde{f}_m}\cdot\frac{\eta_w}{[\Psi(\tilde{c}_m)\cdot\phi_w(\tilde{f}_m)\cdot\mu(\tilde{K}_m)]^2}$$

式中 $\tilde{c}_i$、$\tilde{K}_i$、$\tilde{f}_i$——$n=\tilde{n}_i$ 时 c、K 和 f 的值；

C_{wp}、C_{wh}、C_{wn}——紊流度，$C_{wp}=C_{wh}=C_{wm}=\frac{1}{\ln(z/z_0)}$；

C_{AP}、C_{Ah}、C_{Am}——$C_{AP}=\frac{A}{B}C_H$，$C_{Ah}=C'_L+\frac{A}{B}C_H\approx C'_L$，$C_{Am}=C'_M$；

$\mu(\tilde{K})$——与气动导纳函数有关的系数。

$$\mu(\tilde{K})=\begin{cases}1/\sqrt{\tilde{K}^3(1+\pi\tilde{K})}\text{（气动导纳取 Sears 函数）}\\1/\sqrt{\tilde{K}^3}\text{（气动导纳函数取 1）}\end{cases}$$

$$C_{\rm sp}=\frac{5.09\sqrt{Bz}}{\mu\sqrt{(1+\beta_{\rm u})\xi_1}},C_{\rm sh}=\frac{0.44\sqrt{Bz}}{\mu\sqrt{(1+\beta_{\rm w})\xi_1}}\cdot\sqrt{1+\delta_{\rm w}},C_{\rm sm}=\frac{0.88\sqrt{Bz}}{\mu_{\rm J}\sqrt{(1+\beta_{\rm m})\xi_1}}\cdot\sqrt{1+\delta_{\rm m}}$$

式中 $\delta_{\rm w}=\frac{r(f)}{C_{\rm LD}^2}\cdot\frac{1+\alpha_{\rm uw}}{1+\alpha_{\rm w}},\delta_{\rm m}=\frac{r(f)}{C_{\rm MD}^2}\cdot\frac{1+\alpha_{\rm um}}{1+\alpha_{\rm wm}},\mu=\frac{m}{\pi\rho b^2},\mu_{\rm J}=\frac{J_{\rm m}}{\pi\rho b^4};r(f)=\frac{400}{3}\cdot\frac{(1+4f)^2}{(1+50f)^{5/3}}$ 为与风谱比值有关的系数，$b=\frac{B}{2};C_{\rm LD}=\left(C'_{\rm L}+\frac{A}{B}\cdot C_{\rm D}\right)/C_{\rm L},C_{\rm MD}=C'_{\rm M}/\left(C_{\rm M}+\frac{A\cdot r}{B^2}C_{\rm D}\right)$。

背景响应在总的抖振动力响应中所占的比例 ε = 背景响应/(背景响应 + 共振响应)，即

$$\left.\begin{aligned}\varepsilon_{\rm p}&=1-\frac{1}{\sqrt{1+\alpha_{\rm u}}}\\ \varepsilon_{\rm h}&=1-\frac{1}{\sqrt{1+\alpha_{\rm w}}}\cdot\sqrt{1+\frac{\delta_{\rm w}}{1+\delta_{\rm w}}\cdot\frac{\alpha_{\rm w}-\alpha_{\rm uw}}{1+\alpha_{\rm uw}}}\approx1-\frac{1}{\sqrt{1+\alpha_{\rm w}}}\\ \varepsilon_{\rm m}&=1-\frac{1}{\sqrt{1+\alpha_{\rm wm}}}\cdot\sqrt{1+\frac{\delta_{\rm m}}{1+\delta_{\rm m}}\cdot\frac{\alpha_{\rm wm}-\alpha_{\rm um}}{1+\alpha_{\rm um}}}\end{aligned}\right\}\tag{7-11}$$

背景响应比例 ε 对结构自振频率和风速的变化很敏感，以侧向抖振为例，利用江阴长江大桥为计算模型进行单变量分析，得到 ε 的变化规律如图 7-3、图 7-4 所示。

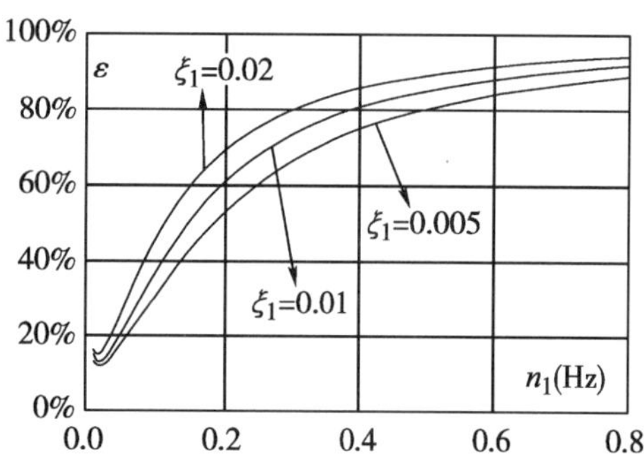

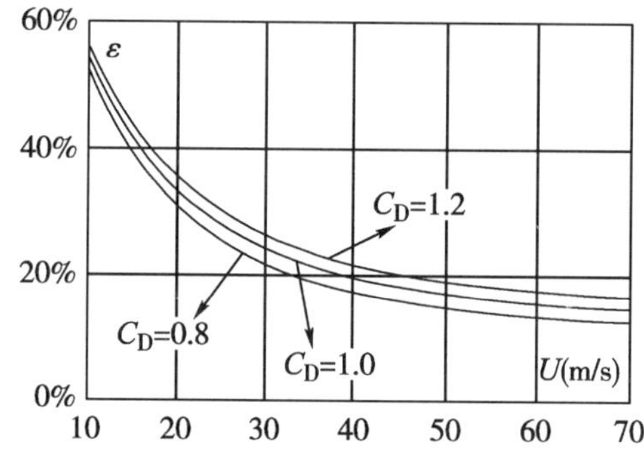

图 7-3 侧向一阶对称振型时背景响应比例 ε 的变化规律

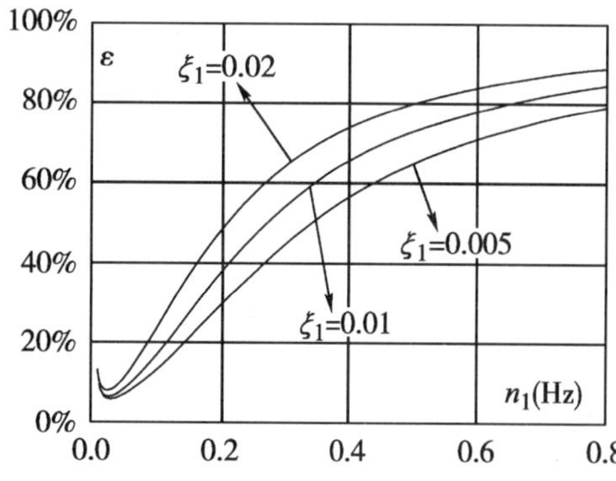

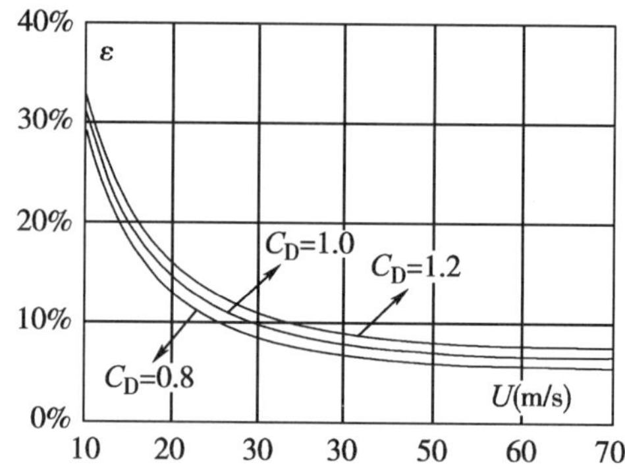

图 7-4 侧向一阶反对称振型时背景响应比例 ε 的变化规律

由图 7-3、图 7-4 可见，当结构自振频率较高时，抖振将主要表现为背景响应；风速较低时，背景响应也可能上升到主导地位。

背景响应比例对桥梁跨径的变化也十分敏感,但桥梁跨长与自振频率有着非常密切的关系,变化跨径时应考虑频率的相应变化。以侧向一阶对称振型为例,近似认为频率与跨长的平方成反比,可得背景响应比例 ε 随跨径的变化规律如图 7-5 所示。

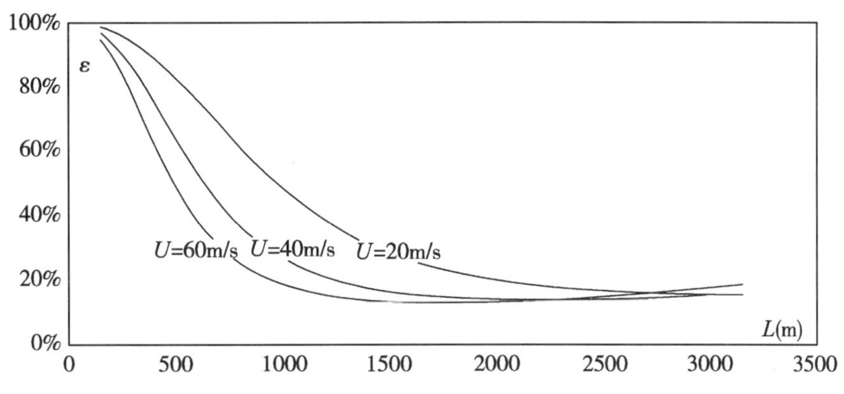

图 7-5 侧向一阶对称振型时背景响应比例 ε 随跨径 L 的变化规律

7.2 涡激共振

7.2.1 涡激共振常发生在桥梁的钢质构件上,如钢主梁、斜拉索、吊杆和钢桥塔。近年来又发现了桥梁构件的风雨激振现象。因而在设计中特别要应对涡激共振的发生风速和振动幅值进行控制。

7.2.2~7.2.6 为安全起见,建议对钢桥应通过风洞试验研究其涡激共振发生的可能性。对混凝土桥梁和结构基频大于 5Hz 的钢桥可不考虑涡激共振。本章给出的有关涡激共振的发生风速和振幅的估计源于日本《道路桥梁耐风设计便览》,仅适用于跨径小于 200 m 的桥梁。

7.3 拉索振动

7.3.1 大跨度斜拉桥的拉索构件极易在外界环境,特别是在风的激励下发生振动。过大的拉索振动会造成拉索的疲劳破坏和防护层破坏,也会引起行人对斜拉桥的安全性产生怀疑。一般而言,斜拉索约占斜拉桥总体造价的 25% ~ 30%,一旦出现问题带来的经济损失非常巨大。斜拉桥整体结构和拉索构件轻柔、固有振动频率分布广,在环境激励下斜拉索更易发生振动。

根据对国内外大跨度斜拉桥拉索振动研究成果和实桥观测结果分析,拉索振动主要有:(1)涡激共振:由涡流脱落引起,为圆形截面的拉索容易发生的振动;(2)风雨激振:在风雨共同作用下,拉索上形成的雨线改变了圆形断面的气动特性,从而引发了拉索的振动;(3)参数振动和线性内部共振:当桥面或索塔的振动频率和拉索的横向振动频率成整倍数关系时,微小的桥面振动产生的拉索张力变化能激起较大振幅的拉索横向振动,拉索的振动频率与拉索张力有关,张力周期性改变会引起频率的周期性改变,而频率是振动系统的参数之一,所以称为参数振动。另外,当桥梁整体的某一振型的固有振动频率与某一拉索的自振频率相近时,也会引起拉索的共振,称为线性内部共振。

目前,采用较多的减振措施主要有三种。(1)气动措施:拉索的风雨激振、涡激共振等都是由于气流流经拉索时流态发生周期性的改变而对拉索进行激励而引起的。气动措施就是通过改变拉索的横断面形状或拉索的表面形态来改变拉索的气动特性,使流经拉索的气流不再引起拉索的振动。气动措施对抑制风雨激振十分有效,对抑制涡激共振也有较好的效果;(2)辅助索:用辅助索将多根拉索横向联接起来,能起到提高单根拉索自振频率、增大附加质量和结构阻尼的效果。主要用来抑制拉索的参数振动和线性内部共振;(3)阻尼器:各种外界因素对拉索的激励过程也是拉索振动能量逐渐积聚的过程。在拉索的适当部位(通常是在拉索锚固端附近)安装各种形式的阻尼器,可通过提高拉索的模态阻尼来耗散拉索的振动能量。阻尼器是一种“广谱的”减振措施,对各种拉索振动都有良好的减振效果。

8 风致振动控制

8.1 一般规定

8.1.1 桥梁结构的对风反应非常复杂,除了由于风的作用和桥梁结构动态特性本身的复杂性外,还由于风和结构物的相互干涉作用。近年来,由于桥梁结构的日趋长大、轻柔、低阻尼化,长大桥梁以及某些跨度虽不甚大的桥梁结构或其构件由风引起的振动必须被认真考虑的情况愈来愈多。在设计阶段,就应研究由风引起振动的可能性,并有必要通过事前研究确定各种相应对策。但是,使抗风设计完全渗透于结构设计之中是很困难的,因此,在结构施工和建成之后会产生不少的风致振动问题,处理这些问题就不得不在受到种种条件制约的情况下进行。

气动措施以改善桥梁结构的气流特性从而减小激振外力的输入为目的,而机械措施则以减小桥梁结构整体或部分构件的振动反应输出为目的,但应注意的是,将这两种措施截然分开是不合适的,尤其在振动反应输出反馈影响到空气力输入的,具有强烈自激特性的结构中,这两种措施的互相影响更加密切。结构措施是通过增加结构的总体刚度,改变结构的动力特性,提高桥梁静、动力稳定性的措施。

气动措施是通过选择空气动力稳定性好的断面或在桥梁的梁、塔等结构元素的断面形状由于种种要求将非常复杂,往往不能充分满足抗风要求时,附加某些装置以减小气动力,从而减小桥梁结构风致振动反应的措施。

由于种种条件的制约,在实际应用中,不可能仅仅通过气动措施解决风致振动问题,时常需要采用机械措施,机械措施主要如下几类:

1 增加结构刚度方式

(1)互相连接约束法。

(2)构件加劲法。

(3)中央扣拉索法。

2 增加结构质量方式

3 增加结构阻尼方式

(1)调谐式阻尼器。如调谐质量阻尼器 TMD、调谐液体阻尼器 TLD、调谐液柱阻尼器 TLCD 等。

(2)非调谐式阻尼器。如粘性剪切型阻尼器和油阻尼器等。

机械措施按其是否输入外部能源可分为被动控制、半主动控制、主动控制和混合控制方式。

被动控制:不需要外部输入能源。

主动控制:需要施加外部能量,将结构物和可动质量块由激励器直接进行实时控制。

混合控制:是被动控制和主动控制的组合。

半主动控制:通过调节被动控制的动力参数:刚度和阻尼,来适应被控体动力特性变化,在力学原理上和被动控制是等价的。

8.2 主梁

8.2.1 跨度日渐增大的桥梁已成为自振周期长、低阻尼、纤细易挠曲,对动力作用,尤其是对风作用敏感的结构,风的作用常常成为桥梁结构设计的控制因素,因此,主梁的基本断面应选择气动稳定性好的外形。

8.2.2 实践证明,由于风振现象的复杂性,既使选择气动稳定性良好的外形,也无法完全避免或消除所有的风振现象。可能发生于主梁的风振主要有涡激共振、驰振、颤振,应根据结构的具体特点采取相应的控制措施。

1 提高颤振稳定性的措施

流线型断面具有良好的空气动力外形。对流线型断面,可以通过中央开槽,增设风嘴、分流板、导流板、以及中央稳定板来进一步提高其颤振稳定性,图 8-1 为部分气动措施的示意图。研究表明中央稳定板可以和其他的措施共同使用,可以更有效地提高桥梁的颤振临界风速,如润扬南汉悬索桥就同时采用了分流板和中央稳定板的措施。

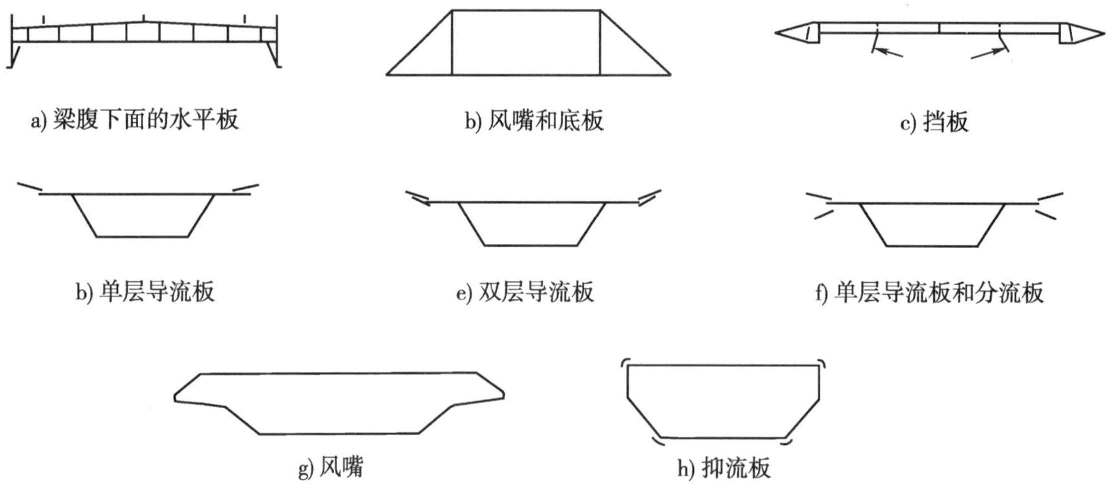

图 8-1 提高桥梁颤振稳定性的气动措施

2 驰振的控制措施

钢连续梁桥和钢桥塔以及斜拉索有可能发生驰振。可以通过增加阻尼和改变气动外型来避免驰振的发生。如需要增加气动措施,则必须经过风洞试验详细研究。

3 涡激共振的制振措施

对钢连续梁桥,一般可以采用增加阻尼的方法来降低或抑制涡激振动。对流线型断面，近年也观察到了涡激共振现象，可以增加导流装置来抑制涡振，但应通过风洞试验验证。

8.2.3 在桥梁基本断面满足抗风稳定性要求的前提下，可以选择调谐式阻尼器或其他方式的机械措施控制超过允许限度的限幅振动。

调谐式阻尼器的最优参数、安装位置及约束条件。

调谐式阻尼器的频率及阻尼比可按下列公式计算

$$\frac{\omega_0}{\omega_s} = 1 - \frac{\mu}{2} \tag{8-1}$$

$$\zeta_0 = \frac{1}{2}\sqrt{\mu} \tag{8-2}$$

式中 ω_0、ζ_0——分别为阻尼器圆频率（Hz）和阻尼比；

ω_s——桥梁受控振型圆频率（Hz）；

μ——阻尼器与结构受控振型的广义质量比，按下式计算：

$$\mu = \frac{m_0 \Phi_i^2(x_0)}{\int_0^l m(x)\Phi_i^2(x)\mathrm{d}x} \tag{8-3}$$

L——桥梁跨长或塔高（m）；

m_0——阻尼器质量（kg）；

$m(x)$——桥梁单位长度质量（kg/m）；

$\Phi_i(x)$——受控振型值；

x_0——阻尼器安装位置；

$\Phi_i(x_0)$——阻尼器安装位置相应于 $\Phi_i(x)$ 的振型值。

阻尼器应尽可能安装在受控振型最大区域。

使用弹簧、配重块、阻尼器作为基本元件的调谐质量阻尼器 TMD，应验算弹簧的静力强度、动力疲劳强度以及配重块允许位移及安装空间要求。

调谐式阻尼器的基频及阻尼比。

对弹簧、配重块、阻尼器元件构成的 TMD 系统（图 8-2），其频率与阻尼比可按下列公式计算：

$$f_0 = \frac{\omega_0}{2\pi} = \frac{1}{2\pi}\sqrt{\frac{K}{m_0}} \tag{8-4}$$

$$\zeta_0 = \frac{C}{2m_0\omega_0} \tag{8-5}$$

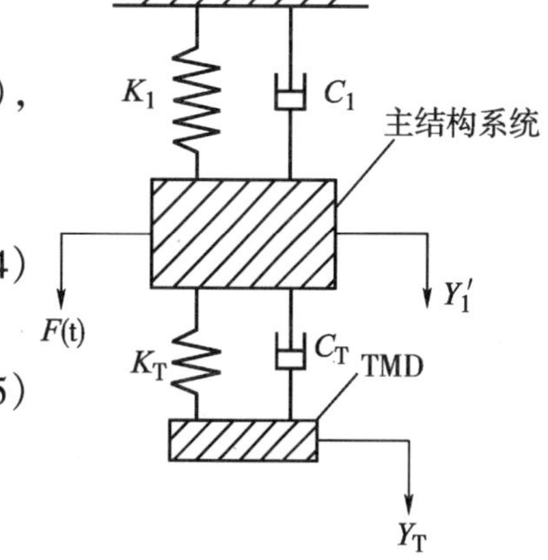

图 8-2 调谐质量阻尼器 TMD 的原理

式中 K——弹簧刚度系数（MPa）；

m_0——阻尼器质量（kg）；

C——阻尼器阻尼系数；

f_0——TMD 系统的振动频率(Hz);

ζ_0——TMD 系统的阻尼比。

矩形水箱的 TLD(图 8-3)的频率和阻尼比可按下列公式计算:

$$f_{on}=\frac{\omega_{on}}{2\pi}=\frac{1}{2\pi}\sqrt{\frac{2n-1}{2\alpha}\pi g\tanh\left(\frac{2n-1}{2\alpha}\pi h\right)}\ (n=1,2,3,\cdots,n) \tag{8-6}$$

$$\zeta_{on}=\frac{1}{\alpha\varepsilon}\cdot\frac{\sqrt{2}}{2}\cdot\frac{1}{2}\sqrt{\frac{\upsilon}{\omega_{on}}}\left(1+\frac{b}{2h}+S\right) \tag{8-7}$$

$$\varepsilon=\frac{h}{\alpha}$$

式中 f_{on}——第 n 阶 TLD 频率(Hz);

ω_{on}——第 n 阶 TLD 圆率(Hz);

α——TLD 波动方向水箱长度(m);

h——水深(m);

g——重力加速度(m/s^2);

ζ_{on}——第 n 阶频率阻尼比;

υ——液体粘性系数,对水取 $\upsilon=0.01cm^2/s$;

b——水箱宽度(m);

S——表面损耗因子,一般可取为 1。

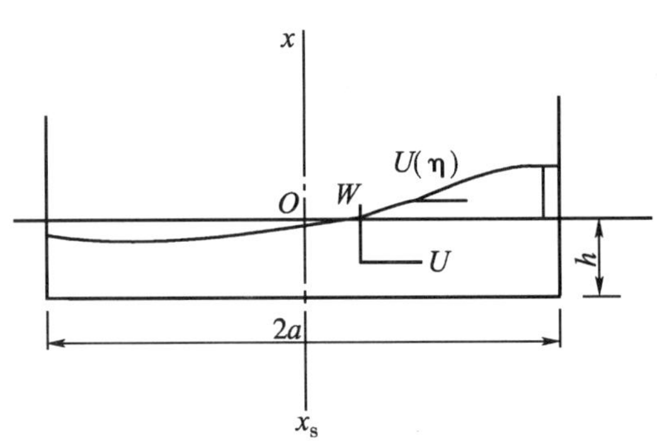

图 8-3 调谐液体阻尼器 TLD 的原理

对调谐液体柱式阻尼器(TLCD)(图 8-4),其基频和阻尼比可按下列公式计算:

$$f_0=\frac{\omega_0}{2\pi}=\frac{1}{2\pi}\sqrt{\frac{2g}{L}} \tag{8-8}$$

$$\zeta_0=\frac{2Kx_0}{3\pi L} \tag{8-9}$$

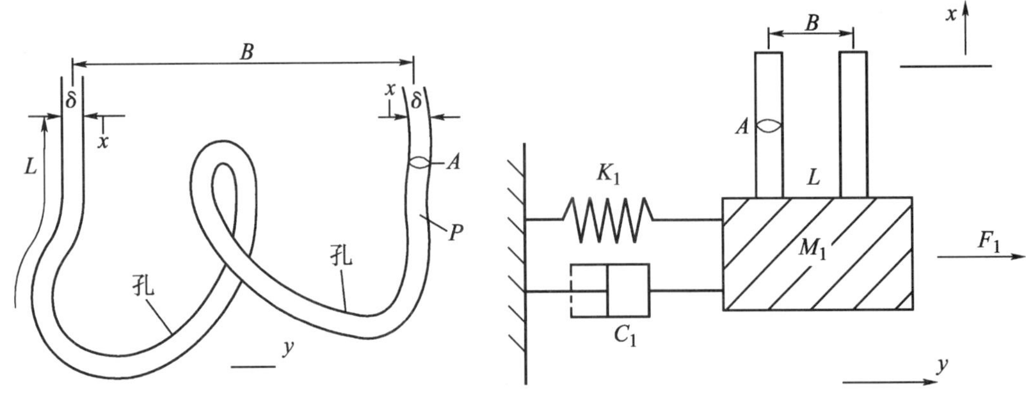

图 8-4 调谐液柱阻尼器 TLCD 的原理

式中 L——液体柱长(m);

K——格栅控制的压力损失系数,通过实验得到;

x_0——未控制的受控结构的最大位移(m)。

8.3 桥塔和高墩

8.3.1 钢桥塔有可能发生涡激共振和驰振，可以通过选择合适的截面形状和增加阻尼装置来抑制风振的发生。如采用合适的塔柱切角等方法。

8.3.2 当第8.3.1条所示的气动措施尚不能完全满足抗风要求时，可采用调谐式阻尼器TMD、TLD、TLCD或其他机械措施。近年来，日本在修建大跨度悬吊桥梁时，如明石海峡大桥、来岛大桥、名港中央大桥和鹤见翼桥等多座大桥时，还采用了AMD、ATMD或HMD等技术控制桥塔施工和完成后的风致限幅振动。

8.4 拉索和吊杆

8.4.1 拉索是斜拉桥的重要结构构件，由于跨度日渐增大及高强钢丝的使用，拉索的长细比愈来愈大，自振频率则愈来愈小，拉索本身阻尼非常小，研究结果表明表面光滑的聚乙烯防护套以及水平偏角风（斜风）作用时拉索的轴向二次流的存在等原因致使拉索可能发生涡激共振、风雨振、参数激振，当两根拉索横向并列时，又有可能发生尾流驰振。可以采用的制振气动措施为：

1 附加凸起方式

(1)平行矩形凸起。

(2)螺旋卷缠凸起。

2 表面加工方式

(1)沿拉索轴向切削的V形或U形沟。

(2)沿拉索周围切削的环状沟。

(3)表面凸粒或凹点。

3 断面形状改变方式

(1)八角形断面。

(2)扭转的六角形断面。

研究表明，螺旋线对斜拉索的风雨激振有较好的抑制效果。

8.4.2 采用辅助缆索将拉索连接后，将产生以下三种效果：质量效果、阻尼效果和频率效果。

质量效果：辅助缆索将拉索连接后，拉索将再不能单独振动，而变得不论何阶振型，每根拉索或多或少都会发生振动，若仅在部分拉索作用动态空气力或自激振动力，由于辅助缆索的连接，相对质量变大（意味着相对外力变小），即可抑制振动。

阻尼效果：当辅助缆索和拉索的联接非常牢固时，辅助缆索中会产生很大的力和应变，由于滞回能量的耗散，拉索—辅助缆索体系的阻尼可以提高，这一点已在实桥上得到验证。但应注意辅助缆索的材料、拉伸刚度、配置形式、振型将会影响到阻尼值的大小。

频率效果:辅助缆索可以增加拉索面内刚度,并可主要使低阶频率提高,但仅用一根辅助缆索时频率的增大效果并不明显。

少数的辅助缆索并不能使频率有很大的提高,既使有提高,若不涉及涡激共振,风雨振时固有频率的提高带来的制振效果并不明确,这是因为根据以往的实例,风雨振的频率大体都在3Hz以下,将长拉索的最低阶频率提高到3Hz以上并非不可能,但从增加太多的辅助缆索上来看并非现实的好方法。

辅助缆索要受到很大的力,这意味着辅助缆索和拉索的连接部有很大的力,因而应充分注意辅助缆索本身的疲劳强度,并应注意连接不得松弛,不得损伤PE管。

当拉索完全互相独立时,并列拉索尾流引起的振动集中于风下流侧的拉索上,其轨迹呈面内直线或长椭圆形。

两根拉索用抗风联结器相连后的制振效果尚未成定论。联结器和拉索绞接时,微幅振动的情况下,联结器的设置并未引起动力持性的变化,若不在联结器中装入高阻尼的机耕时,制振效果不明显。当振幅达到拉索直径的程度,则可以通过联结器产生和风上流侧拉索的耦合,但由此产生的质量效果,气流变化带来的激振力变化尚不明了,日本的岩黑岛桥、拒石岛桥、呼子大桥虽使用了联结器,但同时也用辅助缆索将拉索相连,因此应该认为对尾流驰振起抑制作用的是辅助缆索,而不是联结器。

三根以上平行拉索的联结器形成了空间桁架结构,联结器的设置可使拉索的振动分成两种类型,一是拉索体系的振动,二是次生跨度拉索的振动,由于质量效果和气动效果的互相配合不会再出现由尾流引起的整体扭转振动。可以完全防止下流侧拉索的风振。而次生跨度内的拉索尾流振动则可增加联结器的数量将振动控制在微小振幅的范围之内。

日本志摩丸山桥在三根平行拉索中使用了联结器,在长度54m的拉索中几乎等间距地布置了两个联结器,有效地抑制了振动,但联结器的间距对制振效果的影响因研究尚少,未成定论。

联结器和拉索的联结可分为铰接(岩黑岛等桥)和刚接(志摩丸山桥),刚接时必须考虑不得操作拉索的PE防护管。还必须注意联结器中相当大原应力产生的疲劳问题。

在拉索的适当位置可以安装非调谐式的油阻尼器或粘性剪切型阻尼器,均可得到良好的制振效果。但应注意油阻尼器的阻尼性能与振幅大小有关。粘性剪切型阻尼器的阻尼性能则受到粘性体刚度、振动频率和湿度的影响。

控制拉索风致振动的措施有多种方式,但考虑到风致振动现象的复杂性,桥梁景观的要求以及采取某些措施后可能带来的副效应(如表面凸起的拉索会增大作用于桥梁的横向风荷载)等原因,一般应首选安装阻尼器的方式。

附录B 风洞试验要求

B.1 一般规定

B.1.1 静力三分力试验、节段模型试验、桥塔模型试验、全桥气动弹性模型试验是普遍使用的桥梁模型风洞试验方法。除此之外,近些年来又开发了一种拉条模型试验方法,但我国基本上还没有使用,故未将此方法列入本规范中。

B.1.2 几十年的大量研究表明,紊流对桥梁的风致振动现象具有不可忽略的影响。近十年来,我国先后建成了多座大、中型的大气边界层风洞,为在模拟自然风紊流特性条件下研究桥梁风致振动提供了试验条件,为了提高桥梁抗风试验的正确性和准确性,本规范提出了在大气边界层风洞中进行桥梁风洞试验的要求。由于桥梁主梁的静力气动力系数规定通过均匀流条件下的风洞试验获得,故静力气动力试验可在具有均匀流场特性的低速航空风洞或工业风洞等一般低速风洞中进行。

B.1.3 为了保证桥梁的抗风安全,目前许多国家的桥梁抗风设计规范、规定、标准等,都偏安全地要求在均匀流条件下检验桥梁发生涡激共振、颤振或驰振的可能性。因此,对桥梁试验用风洞提出了基本的均匀流场参数。考虑到桥梁处于接近地面的自然风环境中,对桥梁风洞的均匀流场条件参数,比低速航空风洞等流场条件作了适当的放宽,同时又使其保证必要的试验精度。

B.1.4 近地自然风特性受到地理纬度、地形、温度、地面粗糙情况等多种因素的影响,为了保证桥梁风洞试验的准确性,应尽量获取桥位处的自然风特性进行模拟。但实际能提供桥位处自然风特性资料的情况极少,大多数桥梁风洞试验则基于桥位处的地表粗糙度类型进行自然风特性模拟。

基于地表粗糙度类型,用幂指数 α 表示的风速剖面曲线是一典型统计平均值,实际的风速剖面曲线形状变化要复杂离散得多,鉴于此,在风洞模拟中作了风速剖面曲线幂指数 α 值可以有 ± 0.01 偏差的规定。

高度 Z 处某点的风紊流强度定义为与平均风速方向平行的脉动风速的根方差值与平均风速之比,紊流强度随平均风速的大小而变化。通常,低风速时的紊流强度大于其平均值,而强风时的紊流强度小于其平均值。

脉动风速的功率谱密度函数是紊流中各频率成分脉动分量(涡旋)的贡献大小的描

述。许多研究者提出了用于结构设计的不同表达形式的谱的公式,由于我国目前尚未提出适于我国地形及气候特征的谱的实用公式,本规范采用风速水平方向及铅直方向的脉动风功率谱密度函数表达式,即公式B.1.4-1和B.1.4-2。

表B.1.4-1中的 Z_g 为梯度风高度,即平均风速几乎不受地表粗糙程度影响时的大气边界层上空高度,本规范中 Z_g 采用了与我国最新修订的建筑结构规范一致的数值。地面粗糙高度 z_0 定义为,按当地的地表粗糙类别 α 值及风速铅直方向分布的幂指数规律,由 Z_g 高度处的平均风速值 V_g 所求得的平均风速 $V=0$ 处的距地面高度。

由于桥梁结构的风致振动响应的共振分量在总响应中占主要成分,因此,强调了在可能引起桥梁共振的桥梁自振频率范围内的模拟精度要求 。

紊流积分尺度是气流中紊流涡旋的平均尺寸的量度,其离散性一般都很大。在现有风洞试验技术条件下,模拟紊流积分尺度困难较大,因此,本规范将紊流积分尺度的模拟只作为风洞试验紊流场模拟的参考要求。

B.1.5 表B.1.5所列出的桥梁风洞试验对模型的要求,系参考了国内外目前的桥梁风洞试验条件和水平,并基于以下考虑制订的:

1 保证模型的几何外形、尺寸、刚度、质量及其分布等的必要模拟精度。

2 避免产生风洞洞壁的干扰效应。

3 避免模型对风洞阻塞度过大而带来的修正问题。

B.2 静力三分力试验

B.2.1 静力三分力试验及主梁节段模型振动试验是截取桥梁主梁(或桥塔、其他构件)的节段进行的,规范虽没有具体规定端板的大小或补偿模型的长度,但原则上应以保持结构绕流的二元流动特性为准。

B.2.3 三分力试验选择两种不同风速的目的,是检验雷诺数对试验结果的影响,故在可能条件下应选用尽可能高的试验风速。

B.2.4 考虑到桥梁风荷载内力分析时使用体轴坐标系下的三分力系数较为方便,而进行抖振及驰振分析时、使用风轴坐标系下的三分力系数较为方便,故提出了三分力试验结果应分别以体轴及风轴坐标系表示的要求。

B.3 节段模型试验

B.3.2 节段模型试验是将桥梁的三维振动问题简化为二元问题的一种近似处理方法,对于悬吊式桥梁,风致振动是按某些振型的组合模态的全桥振动。因此,当简化成只以主梁的振型近似研究全桥振动现象时,应该反映全桥的振动特性,即主梁节段模型的质量和质量惯性矩不应只是主梁自身的值,而应是全桥的等效值。对于所研究的振动模态,主梁的等效质量和等效质量惯性矩按以下公式取值:

$$m_{eq} = \frac{\int m\phi^2 \mathrm{d}x}{\int_D \phi_h^2 \mathrm{d}x}$$

$$I_{meq} = \frac{\int m\phi^2 \mathrm{d}x}{\int_D \phi_\theta^2 \mathrm{d}x}$$

式中 m_{eq}、I_{meq}——等效质量、等效质量惯性矩;

$\int m\phi^2 \mathrm{d}x$ ——对于振型 $\phi(x)$的全桥广义质量;

$\int_D \phi^2 \mathrm{d}x$ ——振型 $\phi(x)$平方关于主梁的积分;

ϕ_h、ϕ_θ——对应于主梁的竖向弯曲及扭转的振型。

B.3.4 对主梁节段模型试验,依赖试验装置本身满足对阻尼值 ±10%的误差要求往往有难度,这时应通过附加阻尼器达到对阻尼值的误差要求。

B.3.5 主梁节段模型试验中,有时模型会随试验风速增加而产生逐渐增大的附加静攻角,从而影响试验结果。这时应根据静力三分力试验值计算相应的静攻角,此静攻角与设定攻角之和为有效试验攻角,试验中超过有效试验攻角的附加静攻角应予调整扣除。

B.4 桥塔模型试验

B.4.1 当判断桥塔的风致振动以一阶弯曲振型为主时,可以采用弹性支承刚体桥塔模型进行试验,这时,桥塔的振动位移是线性的,需要按一阶弯曲振型的形状对振动响应进行修正。当判断桥塔的风致振动有多阶振型参与时,则须采用桥塔整体弹性模型进行试验。

B.5 全桥气动弹性模型试验

B.5.2 根据绕流物体在不可压缩流体中的运动方程,两个相似流动之间,除应满足几何相似条件外,还应满足表 B-1 的五个无量纲参数的一致性条件。应用于桥梁模型风洞试验时,模型与实桥之间应满足表 B-1 的五个参数的一致性条件。根据量纲分析和桥梁结构特性,惯性参数$\frac{\rho_s}{\rho}$可以用$\frac{m}{\rho b^2}$和$\frac{I_m}{\rho b^4}$代替。对于弹性参数,由于弹性模量 E 在桥梁结构运动方程中都是以结构的刚度表达式出现的,故弹性参数$\frac{E}{\rho U^2}$可以用结构的无量纲拉伸刚度$\frac{EF}{\rho U^2 b^2}$、弯曲刚度$\frac{EI}{\rho U^2 b^4}$、自由扭转刚度$\frac{GJ_d}{\rho U^2 b^4}$、约束扭转刚度$\frac{EJ_W}{\rho U^2 b^6}$代替。

表 B-1

无量纲参数	表达式	力学意义
弹性参数 (Cauchy 数)	$\frac{E}{\rho U^2}$	$\frac{\text{结构物理性力}}{\text{气动惯性力}}$
惯性参数 (密度比)	$\frac{\rho_s}{\rho}$	$\frac{\text{结构物惯性力}}{\text{气动惯性力}}$
重力参数 (Froude 数)	$\frac{gB}{U^2}$	$\frac{\text{结构物重力}}{\text{气动惯性力}}$
粘性参数 (Reynolds 数)	$\frac{\rho UB}{\mu}$	$\frac{\text{气动弹性力}}{\text{空气粘性力}}$
阻尼参数 (对数衰减率)	δ	$\frac{\text{一个周期的耗散能量}}{\text{振动总能量}}$

假定桥梁模型的几何缩尺比为 $1/n$,根据表 B-1 和上述讨论,当忽略雷诺数的相似要求时,便可得到表 B-1 第 3 列的桥梁各参数的缩尺率。重力参数反映了结构物在地心引力作用下,其重力对结构物绕流运动的影响。对于悬索桥,主缆在水平张力作用下表现出很大的重力刚度,并为悬索桥结构提供了主要的刚度贡献。当重力参数一致性不满足时,模型主缆的重力刚度的改变将导致结构动力特性(固有振型及固有频率)的改变,破坏了模型与实桥间的相似关系。对于斜拉桥,如果重力参数的一致性未被满足,模型主梁可能由于被夸大的正升力作用而产生向上变形,并导致斜拉索的索力释放,使斜张桥的整体刚度降低。上述讨论表明,对于悬索桥和斜拉桥的全桥气动弹性模型,满足重力参数的一致性条件是必要的。这时,模型试验与实桥间的风速比满足 $1/\sqrt{n}$的关系。但对于拱式桥、梁式桥或独立状态的桥塔,重力参数的一致性不满足时,并不会引起结构特性的变化,这时,可以根据非定常流相似的一致性条件,即由无量纲参数斯特罗哈数 $S_t=\frac{fD}{V}=$常数来选定风速比。例如,设 $C_L=\frac{D_m}{D_P}=\frac{1}{n}$,则有$\frac{V_m}{V_P}=\frac{1}{n}\frac{f_m}{f_p}$,因此,可以根据风洞的风速范围和模型的刚度模拟要求来选择风速比,使模型制作要求放宽。这时,桥梁模型各参数的缩尺率如表 B-1 第 4 列所示。

对于常压下的大气边界层风洞,满足粘性参数(雷诺数)的一致性条件几乎是不可能的。对于具有尖锐棱缘的钝体,由于流动的分离点几乎固定不变,忽略雷诺数相似将不会给试验结果带来明显误差。但对于近流线形断面的绕流问题,雷诺数的一致性条件则必须满足。可以用增大物体表面粗糙度的办法提高粗糙雷诺数以近似满足。